W0087051

Buurman-Paul / Paul

Moderne Pferdezucht
und Haltung

Ulrike Buurman-Paul / Winfried Paul

Moderne Pferdezucht und Haltung

Vererbung, Trächtigkeit
Geburt und Aufzucht

Neuausgabe

CIP-Titelaufnahme der Deutschen Bibliothek

Buurman-Paul, Ulrike:
Moderne Pferdezucht und Haltung: Vererbung,
Trächtigkeit, Geburt und Aufzucht /
Ulrike Buurman-Paul; Winfried Paul. –
Neuausg., 4., durchges. Aufl. –
München; Wien; Zürich: BLV, 1991
    ISBN 3-405-14139-7
NE: Paul, Winfried:

BLV Verlagsgesellschaft mbH
München Wien Zürich
8000 München

Vierte, durchgesehene Auflage (Neuausgabe)

© 1991 BLV Verlagsgesellschaft mbH, München

Zeichnungen:
Norbert Heuser, S. 28 Barbara v. Damnitz

Einbandgestaltung:
F & H Werbeagentur GmbH, München

Gesamtherstellung: Pustet, Regensburg

Printed in Germany · ISBN 3-405-14139-7

Inhaltsverzeichnis

Vorwort

Die Zucht von so wertvollen Tieren wie Pferden sollte nicht dem Zufall überlassen werden. Außerordentlich viel Geld und Zeit müssen zur Zucht und Aufzucht in ein Fohlen gesteckt werden, bis es als junges Pferd mit Gewinn verkauft oder für die eigene Weiterzucht verwendet werden kann.

Pferdezucht hatte und hat, langfristig gesehen, durchaus auch eine finanzielle Perspektive. Trotzdem werden jedes Jahr von privaten Züchtern Tausende von Fohlen produziert, die aufgrund von Exterieur- und Aufzuchtmängeln den Ansprüchen von Züchtern und Reitern nicht genügen und nur den Weg zum Schlachthaus gehen, weil sie keinen geeigneten Käufer finden. Außer der Tatsache, daß ein Pferdeliebhaber bei diesem Gedanken erschauert, kostet eine solche »Zucht« auch viel Geld, Zeit und Nerven und bedeutet eine große Enttäuschung für den Züchter, der seine Stute unter Umständen zum erstenmal decken ließ und für den das erste Fohlen gleich ein Mißerfolg war.

So ist dieses Buch besonders für den Hobbyzüchter interessant, der anstelle einer Reihe »heißer Tips«, die sich hinterher häufig als hippologische Seifenblase herausstellen, Grundlagenwissen und wissenschaftlichen Hintergrund in einer Form vermittelt bekommt, die für jeden Laien verständlich ist.

Eine Vielzahl von Überlegungen muß vor der Bedeckung der Stute angestellt werden. Bevor der Züchter zu dem nächstbesten Hengst geht, nur weil er »um die Ecke« steht, sollte er sich mit sehr kritischem Blick die guten und schlechten Eigenschaften seiner Stute vor Augen führen, ohne sich dabei »in die Tasche zu lügen«. Seine nächste Aufgabe wäre es, verschiedene Hengste auf Schauen oder Hengstparaden anzusehen und sich die Zeit und die Mühe zu machen, Hengste auf ihren Deckstellen zu besuchen und diese ebenso kritisch zu mustern.

Besteht die Möglichkeit, so ist es von gar nicht hoch genug einzuschätzender Bedeutung, sich viele Fohlen — und auch deren Mütter — des in die engere Wahl gezogenen Hengstes anzusehen, kritisch zu beurteilen und zu vergleichen. In den Nachkommen zeigen sich am besten die guten und schlechten Charakteristika des Hengstes.

Auch wenn dies alles eine Menge Vorarbeit bedeutet, es zahlt sich in jedem Falle aus. Es gibt keinen Grund, einen Hengst mit einem schönen Kopf zu wählen, weil auch die Stute einen hübschen Kopf hat, wenn die zu deckende Stute eine schlechte Schulter oder einen kurzen Hals hat und der gewählte Hengst das Fohlen nicht gerade in diesen Punkten verbessert.

Unabhängig von den rein äußeren Kriterien sollte dem Charakter, dem Interieur des Hengstes, große Beachtung geschenkt werden. Ist er sanft und vertrauenswürdig, aber dennoch voller Temperament, oder muß sein Besitzer oder Halter vorsichtig die Box betreten, weil der Hengst schlägt oder beißt — dies sind Fragen, die rechtzeitig vorher gestellt und beantwortet werden müssen. Der Charakter, der sich zwar sicherlich in zunehmendem Alter haltungsbedingt ändern kann, ist eine angeborene Eigenschaft, und nicht wenige Hengste haben ihre eigenen Interieureigenschaften deutlich an ihre Nachkommen weitergegeben. Ganze Blutlinien bestimmter Hengste sind daher »brav« oder »nervig« oder auch »unberechenbar«. Auch wenn Exterieur und Haltungszustand untadelig erscheinen, können sich mitunter in der Haltung oder den Reiteigenschaften dieser oder jener Hengste bei deren Nachkommen Probleme ergeben, vor allem, wenn es sich dabei gar noch um Kinderponys oder Pferde für Jugendliche handelt.

Jeder Züchter muß sich gut überlegen, ob er diese Interieurmängel in Kauf nimmt, wenn die Exterieurqualitäten schlagend überzeugen. Wenn ihm Charaktereigenschaften aber so wichtig sind wie das äußere Erscheinungsbild, sollte er sich bei der Wahl des Hengstes sehr genau von dessen Gutartigkeit überzeugen.

Ein Hengst soll somit unter den Gesichtspunkten gewählt werden, daß er die Exterieurmängel einer Stute verbessert, ohne ihre guten Eigenschaften auszulöschen. Wie dies gelingen kann, ist in diesem Buch von einem wissenschaftlichen Standpunkt aus dargelegt, in einer Weise, die auch von interessierten Laien nachvollziehbar und vor allem – und dies ist wichtig – in die Praxis umsetzbar ist.

Nur durch vorherige gründliche Überlegung auf seiten des Züchters ist ein Fortschritt innerhalb der Zucht möglich, und zumeist ist für die hieraus entstehende qualitätsvolle Nachzucht auch eine Käuferschicht vorhanden, die dann bereit ist, angemessene Preise zu zahlen. Darüber hinaus sollte es für jeden Züchter selbstverständlich sein, daß ein von ihm gezogenes Fohlen ein neues gutes Zuhause findet, anstatt als Endstation auf einem Pferdemarkt oder gar in der Wurstfabrik zu landen.

Natürlich ist die Zucht niemals ein bloßes Rechenexempel – ein Quentchen Glück, ein bißchen »goldene« Hand, der Mut zum Risiko und vor allem sehr viel Erfahrung zählen natürlich ebenso. Nur: Mit Hilfe der hier gebotenen Überlegungen und Ratschläge läßt sich manch bitterer Fehler und manche herbe Enttäuschung am ehesten vermeiden.

Den Hengst auszusuchen und die Stute zum Decken zu bringen, ist allerdings nur die eine Hälfte. Genauso wichtig, ja von entscheidenderer Bedeutung, ist die Haltung der Stute während der Trächtigkeit sowie eine komplikationslose Geburt und die gesunde und richtige Aufzucht des Fohlens. Zu viele Fohlen werden in den ersten Lebensmonaten durch Unwissen und/oder Nachlässigkeit ihrer Besitzer ruiniert – oft nur durch Kleinigkeiten, die jedoch schließlich als Ergebnis anstelle eines hübschen, gesunden und später für die Zucht zu verwendenden Fohlens ein krankes oder gar totes Fohlen mit sich bringen.

So wird in diesem Buch die Wichtigkeit von Wurmkuren, die frühzeitige Erziehung und Gewöhnung des Fohlens und dessen Hufbehandlung, das Erkennen und – vor allem – Vermeiden von Krankheiten und die Sorge um das Fohlen überhaupt betont und beschrieben. Hier findet der interessierte (Hobby-)Züchter eine Fülle wertvoller Ratschläge, die zum einen aus der jahrelangen Zuchterfahrung stammen und die zum anderen auf wissenschaftlichen Fakten beruhen.

Gerade die Abschnitte über die soziale und verhaltensmäßige Entwicklung sollten für viele Züchter und Pferdeleute von besonderem Interesse sein. Die vergleichende Verhaltensforschung ist in den letzten Jahren, auch innerhalb der Pferdehaltung, stärker ins Bewußtsein gerückt – einige Bücher zu diesem Thema gibt es bereits, und mancher Züchter und Reiter macht sich deren Ergebnisse bereits sinnvoll zu eigen. Noch werden unzählige Fohlen durch falsche Behandlung und aus Unkenntnis sozialer Verhaltensweisen von Pferden untereinander Jahr für Jahr verzogen und für ihr späteres Leben verdorben. Es nimmt wunder, daß das Pferd trotz aller Unkenntnisse, Fehler und auch Dummheit vieler Besitzer noch meist ein solch guter Partner ist!

Das vorliegende Buch kann als ein Züchter-ABC verstanden werden, verknüpft es doch in geglückter Weise den für die Zucht und Aufzucht notwendigen wissenschaftlichen Hintergrund mit Ratschlägen und Hinweisen aus und für die Praxis. Der interessierte Züchter wird Schritt für Schritt von den biologischen Grundlagen der Vererbungsgesetzmäßigkeiten und deren praktischer Anwendung hingeführt zu den Problemen, die bei der Belegung der Stute von Wichtigkeit und die während der Zeit der Trächtigkeit zu beachten sind, bis hin zur Geburt, Aufzucht, Haltung und dem Absetzen des Fohlens.

Keiner, der seine Pferde und deren Haltung ernst nimmt, vor allem aber kein an der Zucht Interessierter und auch keiner derjenigen, die es eigentlich besser machen wollten, denen es jedoch bisher niemand richtig gesagt hat, kann an diesem Buch vorbeigehen.

Dr. Dr. habil. Anne Rasa
Lehrstuhl für Tierphysiologie
Universität Bayreuth

Erste kritische Gedanken

Aus einem Gespräch zweier »Pferdezüchter«:

»Na, ist denn Deine Stute trächtig?«
»Ja, sie hat ihr Winterfell schon eher als
die alte Stute bekommen, die ich nicht
decken ließ.«
Als Erwiderung ein ungläubiger Blick.
»Das macht sie nämlich jedesmal,
wenn sie trächtig ist: sie bekommt das
Winterfell früher und verliert es im Frühjahr auch eher.«

So gehört im Jahre 1979.

»Läßt man eine Stute drei Tage vor
Vollmond decken, so wird sie ein
Hengstfohlen bekommen, bespringt
der Beschäler sie aber drei Tage nach
Vollmond, so wird sie ein Stutfohlen
bringen.«

Geschrieben anno 1584 in der »Ritterli-
chen Reuterkunst«.

Fast 400 Jahre sind nach der letzten
Regel wohl keine Fohlen mit dem gewünschten Geschlecht geboren, und
sicherlich werden in den nächsten
400 Jahren Trächtigkeitsbeweise nach
der oben erzählten Episode recht zweifel-
haft sein. 400 Jahre, in denen das Wissen
der Menschheit in allen Bereichen derartig angewachsen ist wie zu keiner Zeit
vorher – und in denen das Wissen um das
Pferd, das für den Menschen einmal
lebenswichtig war, lediglich auf dem
rein biologisch-physiologischen Sektor
enorm gestiegen ist, hinsichtlich der Haltung, Behandlung und Kenntnis des Ver-
haltens sich hingegen verringerte.

Inzwischen hat sich vieles verändert.
Die Pferdehaltung liegt nicht mehr zum
größten Teil in bäuerlicher Hand, und eine
intensive, weil lebens- und erwerbsnot-
wendige Pferd-Halter-Verbindung besteht nur noch selten. Pensionsstallun-
gen, so gut manche auch sein mögen,
fördern die zunehmende Entfremdung
zwischen Pferd und Reiter, weil die Person, die Futter gibt, nicht mit der identisch ist, die dann im Sport Leistung ver-
langt.
Fast jeder aufgeschlossene Mensch, der
über Jahre hinweg Pferde versorgt, reitet
und beobachtet, wird auch ohne große
Kenntnisse der Verhaltensforschung die
Sprache des Pferdes, seine Mimik, Ge-
stik, sein allgemeines Verhalten und seine
Bedürfnisse verstehen lernen.
Der Konsument der physischen Kraft des
Pferdes, der »Nur«-Reiter, hat wesentlich
größere Schwierigkeiten, zu seinem
Pferd einen tiefen Vertrauenskontakt herzustellen.
Mangelndes Vertrauen zeigt sich beim
Pferd sehr schnell durch Erschrecken,
Durchgehen und Verweigern. Diese un-
angenehmen Erscheinungsformen werden mit der gängigen Palette moderner
und traditioneller »Hilfszügel« bekämpft,
erfolglos meistens – leider.
Hier muß dem Pferdehalter durch entsprechende Vorträge bzw. Literatur die
psychologische Situation des Pferdes
nahegebracht und die als Konsequenz
daraus entstehende Alternativhaltung mit
Auslauf und Sozialkontakten realisierbar
aufgezeigt werden.

Die kontinuierliche Steigerung der Reitbegeisterten und Pferdebesitzer im Laufe der letzten Jahre ist zum Teil als eine Flucht aus einer vollautomatisierten Welt zu verstehen. Der Umgang mit dem großen, weichen, warmen Tier »Pferd« stellt für viele eine Bereicherung dar.

Handelt es sich dabei um eine Stute, so dauert es oft nicht lange, bis der Wunsch nach einem Fohlen laut wird. Daher folgt zu Beginn ein Kapitel über die biologischen Grundlagen von Vererbung und Zucht, weil hier die Überlegungen einsetzen müssen.

Hier geht es um Dinge, die mit den uns als Züchter hauptsächlich interessierenden Tatsachen – auf den ersten Blick – anscheinend (noch) nicht viel zu tun haben. Hier sollen biologische Grundlagen dargelegt werden, um die sich der Züchter eigentlich gar nicht zu kümmern braucht, da es – so will es scheinen – auch ohne dieses Wissen möglich ist, zu züchten, zu vermehren. Die jährliche Zuwachsrate an Fohlen, besonders an nicht verkäuflichen, belegt dies überdeutlich. Ohne je hiervon gehört zu haben, geht es auch – wer will, mag gleich zum nächsten Kapitel übergehen, wo es dann handfester wird. Er versäumt aber, sich das für die Grundlage der Zucht wichtige biologische Wissen anzueignen.

Wenn auch einige Ausführungen einen mehr provokativen Charakter haben, so dient das eigentlich nur zum Aufrütteln des letzten festgefahrenen Denkers mit der stereotypen Antwort: »Das haben wir schon immer so gemacht.«

Es gibt extreme Haltungsweisen von Zuchtpferden. Die einen stehen in goldenen Käfigen, haben ihren eigenen Pfleger und werden nicht nur mit dem Besten und Teuersten gefüttert, sondern auch noch mehrmals täglich geputzt. Der erfolgreiche Vollblüter Secretariat wird rund um die Uhr im Acht-Stunden-Turnus von einem schwarzen Boy bewacht, der während seiner Dienstzeit kein Auge von ihm wenden darf.

Ihr hoher Wert verbietet ihnen, ganz einfach Pferd zu sein, nach den artgemäßen Bedingungen zu leben, sich wohlig zu wälzen, in der Herde Sozialkontakte zu pflegen, über weite Koppeln zu rennen und sich mal kräftig mit den Konkurrenten auseinanderzusetzen.

Daneben fristen die Rassegenossen, die es schlechter getroffen haben, weil Abstammung, Leistung und Exterieur nicht befriedigten, angebunden in manch dunklem Stall ihr Leben.

Dabei will im Grunde fast jeder Züchter ein Fohlen ziehen, das er gewinnbringend verkaufen kann. Dem im Wege stehen jedoch die teilweise äußerst ungünstigen Haltungsbedingungen, die schlechte Qualität von Stute und evtl. Hengst oder die schlecht passende Paarung.

Vor der Bedeckung der Stute sind also umfassende Überlegungen notwendig, die zum einen die Räumlichkeiten – helle Ställe, große Boxen, gute Futtergrundlage, täglicher Auslauf auch im Winter – zum anderen die Zuchtqualität der Stute betreffen.

Das soll nicht heißen, daß ein mit einigen Mängeln behaftetes Pferd keine guten und relativ korrekten Fohlen bringen kann, denn auch das Gegenteil kommt vor. Wer wird sich nicht an die berühmte Halla erinnern? Sie, ein Ausnahmepferd mit bestem Springvermögen, hat in der Zucht nicht ganz die Erwartungen erfüllt, die man in sie gesetzt hat.

Das konnte sie auch gar nicht, denn sie ist nicht durchgezüchtet. Sie ist ein, wenn auch überaus gelungenes, Zufallsprodukt zwischen dem Traberhengst Oberst und der französischen Beutestute Helene. Hiermit will ich weder die gute alte

10

Halla, noch ihren Züchter oder Reiter und selbstverständlich auch nicht ihre Freunde vergrämen.

»Sie vererbt sich nicht durchschlagend«, sagte man dazu und damit ist das Problem normalerweise, wenn auch nicht gerade zufriedenstellend, gelöst. Nur hat nicht jeder eine Halla im Stall, aber das Problem ist oft das gleiche. Es taucht die Frage auf, warum das gefallene Fohlen die Erwartungen nicht erfüllt. Dazu ergeben sich nun die folgenden drei Möglichkeiten:

1. Man gibt dem Hengst die Schuld und wechselt den Beschäler (einfachste Lösung, in jeder Hinsicht).
2. Man nimmt die Stute aus der Zucht (solange Absatzschwierigkeiten bei den Fohlen bestehen, ist das nie verkehrt).
3. Man denkt ein bißchen über Vererbung und Zuchtziel nach. Letzteres sollte in Zukunft an erster Stelle stehen – vor der Auswahl des Hengstes.

Die große Schwierigkeit bei der Zucht liegt eben in der Tatsache, daß das äußere Erscheinungsbild eines Zuchttieres nicht genau mit seinen Anlagen, die es vererbt, übereinstimmt. Darum wenden wir uns im folgenden zunächst den Erbanlagen zu. Die biologischen Gegebenheiten sind mit den vom Menschen her bekannten Tatsachen gleichzusetzen.

Ulrike Buurman-Paul
Winfried Paul

Grundlagen von Vererbung und Zucht

Die Erbanlagen

Die Erbanlagen des Pferdes sitzen beim Hengst in den Hoden, bei der Stute in den Eierstöcken. Sehen wir uns zunächst einmal die Stute genauer an.

Spermium des Hengstes

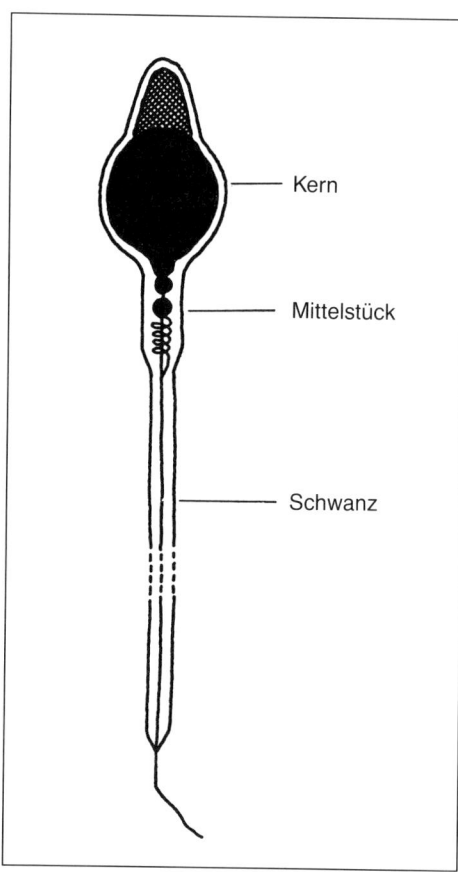

— Kern

— Mittelstück

— Schwanz

In den Eierstöcken sind zum Zeitpunkt der Geburt des Stutfohlens bereits ca. 2000 Eianlagen gebildet. Mit Beginn der Geschlechtsreife (ca. 15 Monate) reift in ca. 21tägigem Abstand abwechselnd im linken und im rechten Eierstock je ein befruchtungsfähiges Ei heran. Die Eizelle selbst ist etwa so groß wie ein Stecknadelkopf ($\emptyset$ 1 mm).

Die Spermien des Hengstes hingegen werden erst mit dem Beginn der Geschlechtsreife, dann freilich permanent, in den Hoden gebildet und reifen in den Hodenkanälchen aus. Dort warten sie auch auf ihren »Einsatz«.

Das einzelne Spermium des Hengstes ist mit bloßem Auge gar nicht sichtbar. Es ist etwa so groß wie ein winziges Staubkörnchen, $\frac{1}{100}$ mm lang.

Wenn nach der Bedeckung ein Spermium des Hengstes mit der Eizelle der Stute verschmilzt, entsteht dadurch nicht nur ein Fohlen, sondern sein Geschlecht, das Aussehen, die Fellfarbe, Größe und Form der Abzeichen, Winkelung der Hinterhand, Kopfform, Länge der Ohren, Größe der Augen; das gesamte Interieur und Exterieur des Fohlens werden bereits hierbei unwiderruflich festgelegt. Dies ist nahezu unvorstellbar, und um es zu begreifen, müssen wir uns der Eizelle und dem Spermium noch etwas näher zuwenden.

Beide haben, wie aus den beiden Abbildungen ersichtlich, in ihrem Inneren einen Zellkern, der noch um ein Vielfaches kleiner ist als ihre äußere winzige Erscheinung.

In diesem Zellkern ruhen die Erbanlagen. Sie sitzen auf 32 Chromosomen. Chromosomen bestehen aus chemischen Substanzen, einer Kombination von drei verschiedenen Grundbausteinen (Zukker, vier organische Basen und Phosphorsäure). Sie sehen wie kurze Fäden aus, sind gestreckt oder leicht gekrümmt. Mit Hilfe des Elektronenmikroskops kann man alle 32 Chromosomen des Pferdes auseinanderhalten und durchnumerieren.

Chromosomenbild vom Spermium eines Hengstes (Elektronenmikroskop)

+22 weitere Chromosomen

Y

a) Zellkern des Spermiums (Hengst)

+22 weitere Chromosomen

X

b) Zellkern der Eizelle (Stute)

+weitere 22 Paare

Vereinigung von a + b

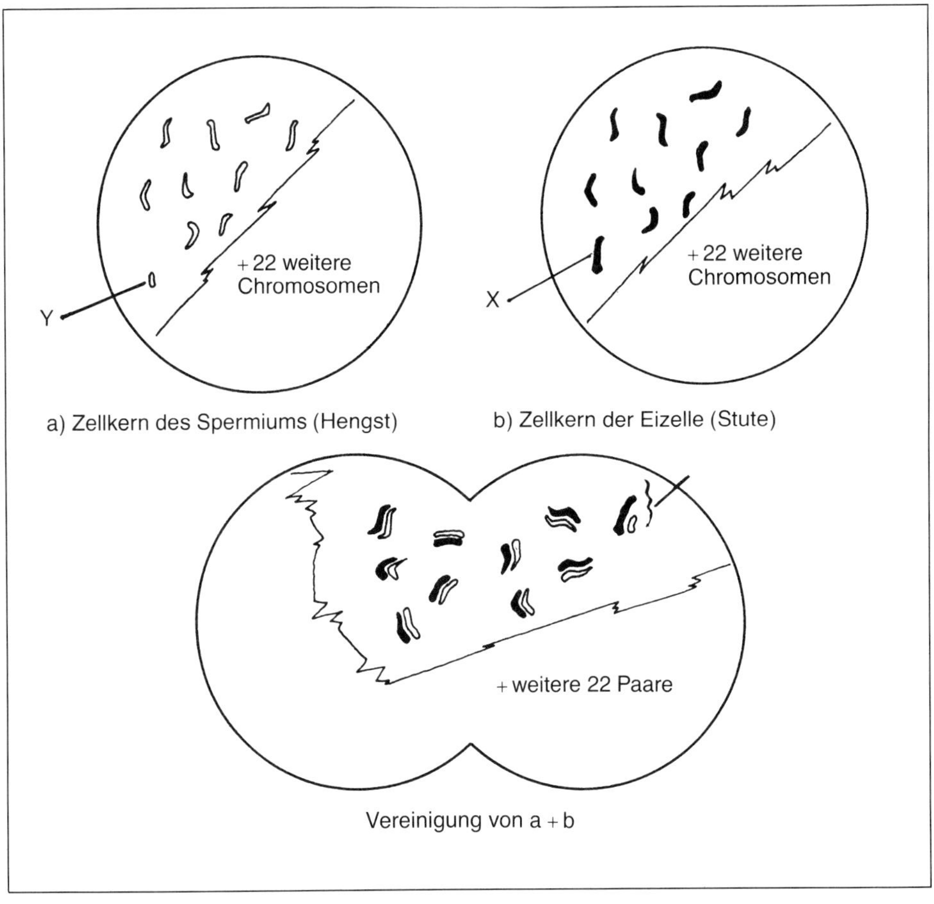

1. Beispiel

väterliches Gen	x	mütterliches Gen	Fohlen
Faktor für die		Faktor für die	Sf = Schimmel
S = Schimmelfarbe		f = Fuchsfarbe	

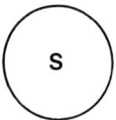 x  =

D. h. das Fohlen wird Schimmel, hat aber einen
verdrängten Fuchsfaktor, ist damit kein reinerbiger
(= reinvererbender) Schimmel, sondern mischerbig. Es wird also
– sofern es zur Zucht benutzt wird – nicht nur Schimmel vererben,
sondern eventuell auch Füchse oder andere Farben.

2. Beispiel

f = fuchsfarbener Faktor x B = brauner Faktor   Bf = Brauner mit
                                                        Fuchsfaktor

 x 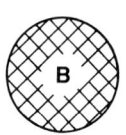 =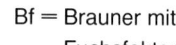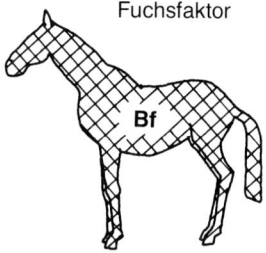

B = Braun ist hierbei über f = Fuchs dominant.

3. Beispiel

S = Schimmelfaktor   x   S = Schimmelfaktor   SS = reinerbiger
                                                   Schimmel

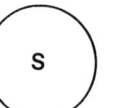 x 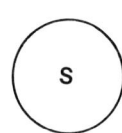 =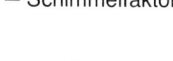

SS wird nur Schimmel weitervererben, gleich welche Farbe der Partner hat.

Weil das Pferd aber nun aus Knochen, inneren Organen, dem Blutgefäßsystem, Muskeln, Sehnen, Haut und Nerven besteht und alle diese Faktoren noch einmal untereinander differieren, man vergleiche nur die verschiedenen Skelettknochen miteinander, kommen so viele verschiedene Merkmale zusammen, daß ein Chromosom nicht etwa einem Merkmal entspricht. Darum liegen auf den 32 Chromosomen dichtgedrängt etwa 400 000 Gene. Sie sind die eigentlichen Träger der Erbanlagen.

Bei der Befruchtung stehen sich nun 400 000 Gene in den Spermien des Hengstes und 400 000 Gene in der Eizelle der Stute wie zwei Armeen gegenüber. Dazu haben sich die entsprechenden Chromosomen etwa wie in der Graphik auf Seite 13 dargestellt zueinandergelegt.

Die sich entsprechenden Chromosomen (1 zu 1, 5 zu 5, 32 zu 32 usw.) legen sich aneinander und spielen ihre Gene gegeneinander aus. Das Gen, das dominant ist, »gewinnt«, das schwächere, rezessive muß seinen Anspruch auf Umsetzung in ein bestimmtes Merkmal aufgeben. Es gibt also für jedes Merkmal entweder von der väterlichen oder von der mütterlichen Seite her ein stärkeres und ein schwächeres Gen.

Am Beispiel des farbbestimmenden Gens ist das Verhältnis von Dominanz und Rezessivität einfach und vor allem gut sichtbar zu erläutern. In dem nebenstehenden Schema wird das dominierende Gen mit einem Großbuchstaben bezeichnet, während das rezessive durch einen kleinen Buchstaben gekennzeichnet ist.

Geht man im Rahmen der Farbvererbung von diesbezüglich reinerbigen Tieren aus, so sind die nachfolgenden Farben in dieser Reihenfolge übereinander dominant,

d. h. jede Farbe wird die darunterstehende überdecken:

Schimmel
Braun
Schwarzbraun
Rappe
Fuchs

In der Stunde nach der Befruchtung wird also entschieden, welches Gen, das nicht mit dem äußeren Erscheinungsbild des Elterntieres übereinstimmen muß, sich bei den Fohlen durchsetzt, das väterliche oder das mütterliche. Dazu gibt es besondere Gesetzmäßigkeiten, auf die ich in einem späteren Kapitel zurückkomme. Zuvor ist, zum besseren Verständnis, eine gewisse Kenntnis von Sperma- und Eientwicklung (Spermatogenese und Oogenese) erforderlich.

Die Reifeteilung

In jeder Eizelle, in jedem Spermium ist ein Satz von 32 Chromosomen angelegt. Wenn beide Zellen bei der Befruchtung verschmelzen, hat unser zukünftiges Fohlen nun aber einen Satz von 64 Chromosomen. Dieser Satz befindet sich in jeder seiner Körperzellen, also in den Muskelzellen, den Nervenzellen, den Knochenzellen, den Hirnzellen, Hautzellen usw. Dies ist eine sehr reichhaltige Ausstattung der Natur, denn eigentlich wäre in den jeweiligen Zellen nur der passende Ausschnitt der Erbmasse vonnöten, um eine Zellvermehrung (Wachstum, Erneuerung) zu ermöglichen.

Eine besondere Stellung nehmen dagegen die Geschlechtszellen ein! Mit der Geschlechtsreife im Alter von 15 bis 18 Monaten nehmen bei den Stutfohlen die Eierstöcke, bei den Hengstfohlen die Hoden ihre Funktion auf. Der doppelte Chromosomensatz der Urgeschlechtszelle mit 64 Chromosomen wird in einem komplizierten Prozeß auf die Hälfte reduziert, damit ein später gezeugtes Fohlen ebenfalls wieder 32 + 32 = 64 Chromosomen erhalten kann. Diese Teilung, auch Reife- oder Reduktionsteilung genannt, läuft in den Eierstöcken und Hoden unterschiedlich, aber mit gleichem Ziel ab.

In $32^2 = 32 \times 32 = 1024$ Kombinationsmöglichkeiten werden entsprechende Chromosomen, beinahe mit einem Lottospiel vergleichbar, zusammengestellt. Zum besseren Verständnis des komplizierten Vorgangs folgen nachstehend einige Zeichnungen.

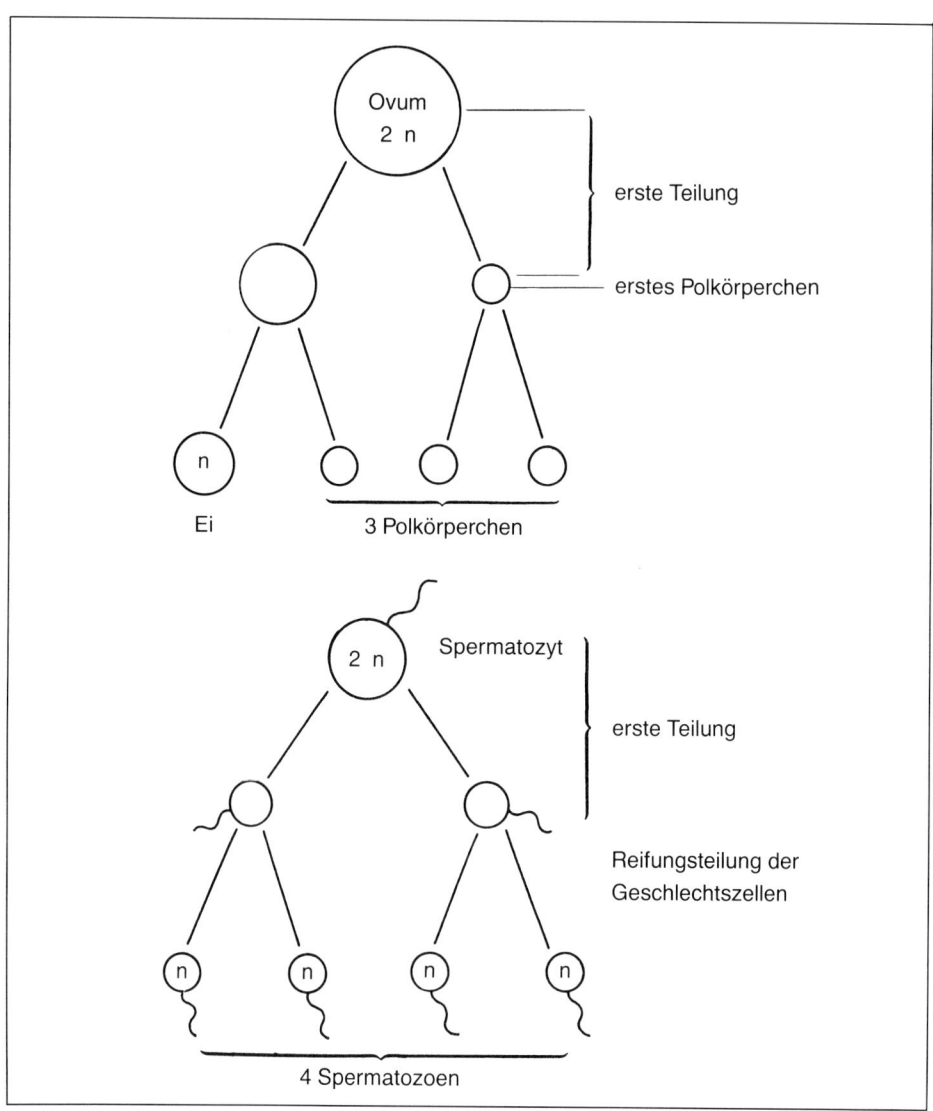

Die Reifeteilung findet also in den Hoden bzw. Eierstöcken statt und reduziert in freier Kombination den doppelten Chromosomensatz (2 n) auf einen einfachen (n). Als Konsequenz läßt sich daraus natürlich entnehmen, daß jedes Zuchttier 1024 Kombinationsmöglichkeiten seines elterlichen genetischen Materials hat. Das ergibt bei der Paarung Hengst (1024 Möglichkeiten) × Stute (1024) = 1 048 576 verschiedene Chromosomensatzbilder für das Fohlen.

Das sind schwindelerregende Werte, aufgrund derer wohl niemand guten Gewissens draufloszüchten sollte. Wer will nun noch den Hengst oder die Stute beschuldigen, sie hätten sich schlecht vererbt.

Pferde vermehren sich nun einmal nicht so schnell wie Goldhamster, und darum fällt die Entscheidung bei der Paarung besonders schwer. Zur Beruhigung kann aber gesagt werden, daß 90% der ca. 400 000 Gene, die auf den 32 Chromosomen des Pferdes ruhen, wahrscheinlich bei allen gemeinsam vorkommen, fünf Prozent etwa spezifische Rasseeigentümlichkeiten ausdrücken und fünf Prozent für Abweichungen vom durchschnittlichen Leistungsstandard verantwortlich sind.

Aus den Daten läßt sich ableiten, daß das Risiko eines schlechten Fohlens um so kleiner ist, je durchgezüchteter die Elterntiere seit Generationen die positiven, erwünschten Merkmale vertreten.

Hier kehre ich noch einmal zur anfangs erwähnten Wunderstute Halla zurück, die selbst ein selten gelungenes Leistungspferd darstellt, aber in der Neukombination der Chromosomen bei ihren wenigen Fohlen gegenüber 1 048 576 Möglichkeiten (bei der Anpaarung immer vom gleichen Hengst ausgehend) doch leider nicht den richtigen Treffer erzielt hat.

Im Anschluß hieran noch einige Worte zur Inzucht. Verwandtschaftszucht ist in fast allen Zuchten, besonders beim englischen und arabischen Vollblut, häufig angewendet worden. Wie überall werden auch hier nur die legendären, ruhmreichen Tiere, die aus Inzest (Verwandtschaft 1. Grades = Vater und Tochter, Mutter und Sohn) oder Inzucht (Verwandtschaft 2. und 3. Grades = Bruder und Schwester, Onkel – Nichte, Cousin – Cousine) hervorgegangen sind, erwähnt. Die schwachen, kränklichen, schlechten, die etwa 25% ausmachen, werden genausowenig erwähnt, wie der Durchschnitt von ca. 50%.

Durch Inzucht werden nicht nur die positiven Merkmale mit hoher Wahrscheinlichkeit durchgesetzt, sondern es findet auch eine Konzentration der negativen rezessiven Merkmale statt. Dadurch kann eine Anhäufung tödlicher Faktoren bedingt sein.

Ein sehr gutes Beispiel dafür ist der Albino. Er trägt ein rezessives Gen für die Ausbildung seiner Farbe und zeichnet sich durch hohe Empfindlichkeit gegen Sonneneinwirkung und andere unerwünschte Schwächen wie schlechteres Sehvermögen und allgemeine Anfälligkeit aus. In genetisch reiner Form ist der Albinismus tödlich. Werden zwei Albinos miteinander gekreuzt, so stirbt das Fohlen, das von beiden Eltern die rezessive Anlage zu Albinismus mitbekommt, schon im Mutterleib ab.

In diesem Fall reguliert sich das Fehlverhalten automatisch. Bei Rassen, in denen vermehrt Albinismus auftritt (Connemara), nimmt das Stutbuch keine Albinos auf. »Fehlfarben«, wie blauäugige Weißisabellen sind bei der Zucht von Farbpferden jedoch sehr beliebt. Sie bringen, mit Füchsen gepaart immer Palominofohlen (Goldfüchse mit weißem Langhaar).

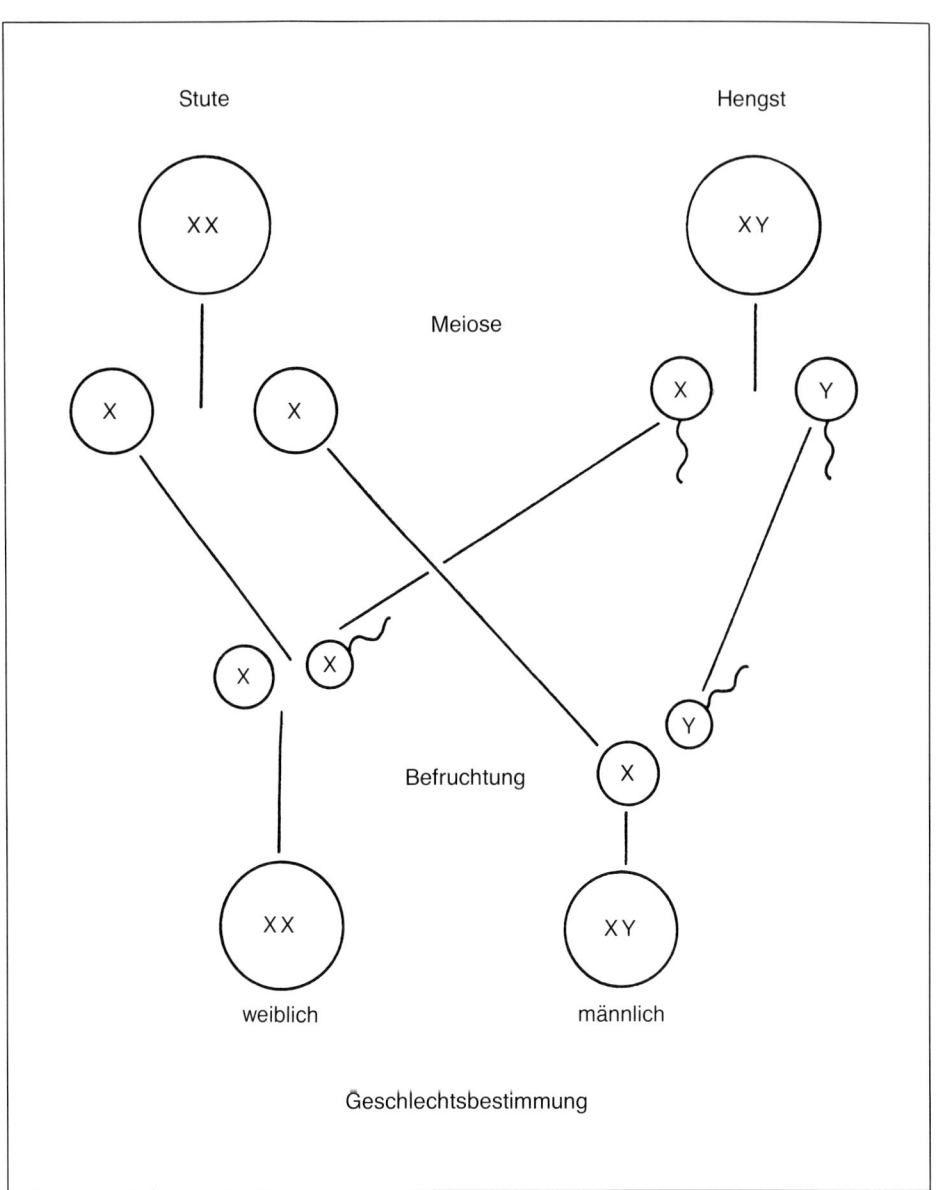

Die Geschlechtsbestimmung beim Fohlen

Es gibt »Züchter«, die vor der Leistung ihrer Stute so wenig Achtung haben, daß sie dem neugeborenen Fohlen, dessen Geburt sie selbst miterlebt haben, lediglich unter das Schwänzchen sehen, mit einem Blick das Geschlecht feststellen und auf dem Absatz kehrt machen, wenn es sich um ein Hengstfohlen handelt. In diesen Fällen wird nach einem Sündenbock gesucht, und Vermutungen werden angestellt. Aber um es klipp und klar zu sagen, die Geschlechtsbestimmung übernimmt nur der Hengst.

In der Abbildung auf Seite 18 kommt als Chromosom einmal y und einmal x vor. Dies sind die vereinfachten Chromosomenformen, die, weil sie den Buchstaben x und y ähneln, deren Namen bekommen haben. Sie unterscheiden sich durch Form und Größe ganz erheblich von den übrigen.

Nun verfügt der Hengst über ein x- und ein y-Chromosom und produziert während der Reifeteilung 50% Spermien mit x-Chromosomen und 50% Spermien mit y-Chromosomen. Die Stute hingegen hat nur x-Chromosomen zur Verfügung. Alle ihre Eizellen haben daher ein x-Chromosom.

Beim Hengst besteht das einzelne Spermium entweder aus x + 31 übrigen Chromosomen oder y + 31 (50% − 50%). Bei der Stute enthält jede Eizelle x + 31 übrige Chromosome = 100%. Bei der Befruchtung passiert nun folgendes:

$$\text{Hengst} \times \text{Stute} = \text{Fohlen}$$
$$31 + x + 31 + x = 62 + xx = \text{Stutfohlen}$$
$$31 + y + 31 + x = 62 + xy = \text{Hengstfohlen}$$

Bei der Befruchtung wird das Geschlecht direkt entschieden. Es kommt einfach darauf an, ob zuerst ein Spermium mit 31 + x die Eizelle erreicht hat und ein Stutfohlen ergibt, oder ob 31 + y günstigere Bedingungen hatte. Von verschiedenen Bedingungen kann man insofern sprechen, als sich Spermien mit x-Chromosom durchaus von denen mit y-Chromosom unterscheiden.

Das x-Chromosom ist wesentlich größer und damit auch schwerer. Spermien mit x-Chromosom sind langsamer in der Fortbewegung, d. h. beim Aufstieg von der Gebärmutter in den Eierstock, hin zum befruchtungsfähigen Ei, dauert ihre Reise wesentlich länger als bei Spermien mit y-Chromosom. Außerdem halten sie sich mit ca. 36 Stunden wesentlich länger als Spermien mit y-Chromosom, die sich zwar schneller bewegen können, jedoch nur kürzer lebensfähig sind und nach ca. 10 bis 15 Stunden zugrunde gehen.

Hat der Eisprung kurz vor oder während der Bedeckung stattgefunden, machen die schnelleren y-Spermien das Rennen, und es gibt ein Hengstfohlen. Findet der Eisprung dagegen erst am nächsten Tag statt, haben die x-Spermien noch Reserven, und ein Stutfohlen kann sich entwickeln.

So sehr der Mensch sich wünscht, die Natur in der Geschlechtsbestimmung manipulieren zu können, so gibt es beim Pferd hierfür bisher doch keine zuverlässige Methode. Ein erfolgreicher Züchter und Privathengsthalter erklärte mir einmal, daß seine Stuten fast nur Hengstfohlen bekämen, weil er seine Hengste, zumindest bei den eigenen Stuten, sehr schonend einsetzt und nur in der Hochrosse, nahe am Eisprung, täglich decken läßt. Die Gaststuten werden dagegen mit einsetzender Rosse jeden zweiten Tag gedeckt, bis sie nicht mehr stehen.

Wirklich gute Erfolge in der manipulierten Geschlechtsbestimmung wird es erst geben, wenn es gelungen ist, die schweren x-Spermien von den leichteren y-Spermien zu trennen, ohne sie zu beschädigen, und mit dem entsprechenden Sperma künstlich zu besamen. Versuche sind in dieser Richtung bereits heftig in der Diskussion – für die rein landwirtschaftliche Produktion mögen hier die Überlegungen zu künstlicher Befruchtung, gezielter Geschlechterzucht und Embryotransplantation durchaus von Wichtigkeit sein, in der Pferdezucht wird man sich noch die Köpfe heißreden, inwieweit solche Methoden auf diesem Feld sinnvoll sind. Machbar ist sicherlich auch dies, und ob ein Weg daran vorbeiführt, ist die Frage.

Durch verstärkten Einsatz einiger weniger Beschäler mit Hilfe der künstlichen Befruchtung wird die Linienführung aber immer enger, so daß im Endeffekt die meisten Pferde einer Zucht miteinander verwandt sind. Durch einen nahen Verwandtschaftsgrad vererben sich sowohl verstärkt positive Eigenschaften als auch negative, die entsprechend schwer auszumerzen sind (z. B. übernervöse Temperamente, Exterieur- und Interieurfehler, Bluterkrankheit).

Die Mendelschen Vererbungsregeln

Wir wissen inzwischen, wie die Träger des Erbgutes etwa aussehen, woraus sie bestehen und welche nahezu unüberschaubare Vielfalt von den Chromosomen ausgeht. Nachfolgend nun eine weitere Entzauberung des Wunders der Entstehung des Fohlens, indem bestimmte Erscheinungen und Prozesse in Regeln gefaßt werden können.

Dies haben wir insbesondere dem Augustinerpater Gregor Mendel (1822–1884) zu verdanken, dessen Experimente und Überlegungen erst Anfang des 20. Jahrhunderts, nach seinem Tod, in ihrer vollen Bedeutung erfaßt wurden. Er fand anhand von Kreuzungsversuchen bei Erbsen heraus, nach welchen Gesetzen die Vererbung von Generation zu Generation abläuft. Seine Versuche haben allgemeine Gültigkeit und treffen damit auch auf das Pferd zu. Planmäßige Zucht ist daher keineswegs ein reines Lotteriespiel, wie die folgenden Beispiele zeigen werden.

Wie schon anhand der Fellfarbe aufgezeigt wurde, gibt es Eigenschaften, die sich durchschlagend (dominant) vererben (z. B. Fesselbehang, grober Kopf, gespaltene Kuppe) und solche, die rezessiv, d. h. verdeckt vererbt werden (Bluterkrankheit). Als einfaches Beispiel wählen wir die Vererbung der Fellfarbe. Um sicher zu gehen, daß die verwendeten Elterntiere reinerbig in ihrer Farbgebung sind, wählen wir eine Haflingerstute und einen arabischen Schimmelhengst, dessen Eltern und Großeltern Schimmel waren.

Die Fuchsstute wird nachfolgend mit ff bezeichnet, wobei jeweils ein f für die beiden elterlichen Anlagen steht, der Schimmelhengst mit SS. Bei letzteren werden Großbuchstaben verwendet, weil man weiß, daß sich die Schimmelfarbe dominant über andere Farben vererbt. Die kleinen Buchstaben verkörpern den rezessiven Charakter.

Dieses Beispiel ist nur zur Darstellung des dominant-rezessiven Vererbungsganges, der 1. und 2. Mendelschen Regel gedacht und nicht zur Unterstützung der Arabohaflingerzucht.

1. Mendelsches Gesetz

S = Schimmel, dominant
f = fuchsfarben, rezessiv
m = mütterliche Erbanlage
v = väterliche Erbanlage

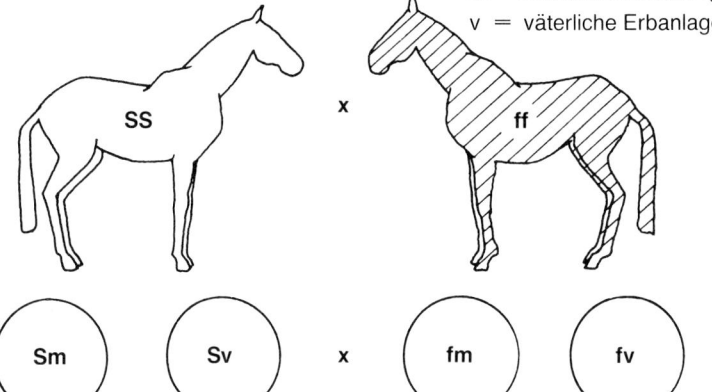

SS x ff

Sm   Sv   x   fm   fv

Alle vererbbaren Kombinationsmöglichkeiten aus dieser Paarung sehen folgendermaßen aus: alle möglichen Nachkommen dieser Paarung werden Schimmel.

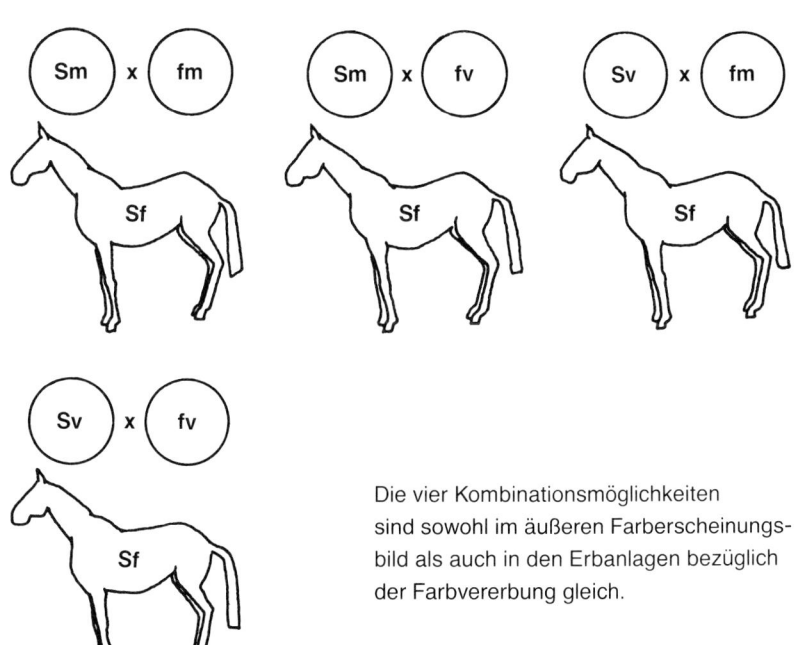

Sm x fm

Sm x fv

Sv x fm

Sf   Sf   Sf

Sv x fv

Sf

Die vier Kombinationsmöglichkeiten sind sowohl im äußeren Farberscheinungsbild als auch in den Erbanlagen bezüglich der Farbvererbung gleich.

2. Mendelsches Gesetz

Paart man in dem Merkmal Farbe mischerbige Pferde miteinander, so ergibt sich folgendes Bild:

 x

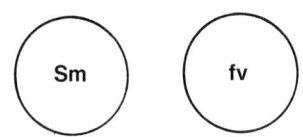 x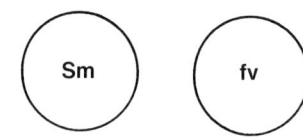

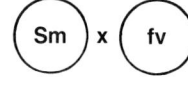 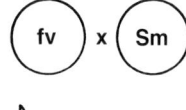

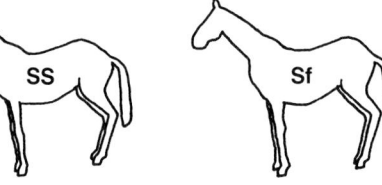

Auch in diesem Fall gibt es wieder vier Kombinationsmöglichkeiten. Dabei wird das Fohlen mit 25%iger Wahrscheinlichkeit ein reinerbiger Schimmel, SS.

Jedes Fohlen hat in seinen Erbanlagen sowohl ein Gen für die Schimmelfarbe (S), das sich, weil dominant, auch in der Fellfarbe durchgesetzt hat, als auch ein Gen von der Mutter her (f).

Diese Paarung hat natürlich auch Einfluß auf Exterieur und Interieur des Fohlens. Hier hängt es ebenfalls davon ab, in welchen Merkmalen die Stute oder der Hengst sich dominant vererben. Das kann man vorher nicht erkennen, aber bei Nachzuchtschauen eines Hengstes beobachten.

Es wird eine übergangslose Variation von Nachkommen entstehen, die sowohl noch im kalibrigen Haflingertyp, als auch im eleganten Arabertyp stehen. Die Anzahl der angestrebten Typen aber wird unter 30% liegen. 70% der Produkte sind unharmonisch oder farblich mißglückt.

Innerhalb der Arabohaflingerzucht wurde daher die vorsichtige, einmalige Verwendung eines Vollblutaraberfuchshengstes mit hellem Langhaar und ohne Beinabzeichen angestrebt, um den gewünschten Farbtyp nicht zu verlieren. Die dabei entstandenen Töchter wurden in jedem Fall wieder einem reinrassigen Haflingerhengst zugeführt.

Mischerbige Pferde, so wird hier deutlich, haben in nebenstehendem Beispiel den Unsicherheitsfaktor hinsichtlich der Farbverteilung. Darüber hinaus sind alle Kreuzungsprodukte (F 1-Generation) aufgrund ihrer Mischerbigkeit ein hohes züchterisches Risiko. Gemeint sind Halbbluthengste als Veredler, Arabohaflinger und in der Kleinpferdezucht Rasseverkreuzungen.

Mit 50%iger Sicherheit ist das Fohlen ein mischerbiger Schimmel mit Fuchsfaktor Sf wie seine Eltern. Mit 25%iger Wahrscheinlichkeit wird das Fohlen ein reinerbiger Fuchs. Hier wird deutlich, daß nur dann ein Fuchs entstehen kann, wenn bei beiden Elternteilen ein rezessives Gen für die Fuchsfarbe vorhanden ist.

Damit hatten die rezessiven Gene der Elterngeneration Sf eine Chance von 25%. Als Fazit ist aus diesem Beispiel zu entnehmen, daß es züchterisch unsinnig war, zur Arabohaflingerzucht einen Schimmelhengst zu verwenden, weil die Möglichkeit auch bei einem mischerbigen Schimmel zu groß ist, keinen Fuchs zu erhalten. Bei der Kreuzung zwischen Haflingerstute und Araberhengsten, die zum Zweck der Veredlung des Haflingers vereinzelt durchgeführt wurde, lag das Problem nicht nur in der Farbwahl des Hengstes (nur Fuchs + Fuchs ergibt 100%ig ebenfalls Füchse), sondern auch in der Unsicherheit des Exterieurs der Nachkommen.

Die Produkte der F_1 (filial = Tochter)-Generation von Haflingerstute und Araberhengst weisen in ihrem Körperbau gravierende Unterschiede auf, weil die Gene als Merkmalsträger verschiedener Eigenschaften je nach Dominanz oder Rezessivität in freier Kombination äußere und innere (z. B. Leichtfuttrigkeit, Charakter, Hinterhand) Erscheinungen des Arabers oder Haflingers auf das Fohlen vererben.

Die Fohlen werden in der Bandbreite vom schweren Haflinger über den gewünschten leichten Typ bis zum zu stark arabisch geprägten Pferd vorkommen. Besonders ungünstig sind die unharmonischen Produkte mit leichtem Kopf, leichtem Fundament, viel Gang und schwerem Rumpf.

Daher kann ein solches Kreuzungsprodukt nie Selbstzweck sein, sondern stellt ein heterogenes Zwischenprodukt einer sich in der Umzüchtung befindlichen Rasse dar. Aus diesem Grund werden die einigermaßen typvollen Tiere der F_1-Generation mit Reinzuchthaflingern rückgekreuzt, so daß in der R_1 (1. Rückkreuzungs-)Generation die Fohlen nur noch 25% Araberblut führen und dementsprechend mehr wieder im Haflingertyp stehen und im Gesamtausdruck harmonischer wirken. Folgeerscheinungen der Arabereinkreuzung zeigen sich oft erst nach Generationen, besonders wenn ein größerer Teil der Zuchtstuten in die Zuchtversuche einbezogen wurde. Positive Aspekte wie flache, weite Bewegungen, schöne, gut angesetzte Hälse, trockenes Fundament, stehen züchterisch negativen Merkmalen (auf den hiesigen Verwendungszweck bezogen), die der Araber mit sich bringen kann, wie steiler Hinterhand, kurzem Rücken, wenig Widerrist, nervigem Temperament gegenüber. Damit ist zugleich das 3. Mendelsche Gesetz von der Neukombination der Gene gemeint. Werden zwei reinerbige Individuen gekreuzt, die sich in mehreren Merkmalen unterscheiden, dann treten in der R_1-Generation deutliche Merkmale der Elterngeneration (P) auf. Die einzelnen Merkmale werden unabhängig voneinander vererbt.

Wenn hier von negativen Merkmalen des Arabers gesprochen wird, dann muß man aber dazu sagen, daß die hier in der Zucht nicht gewünschten Merkmale des Arabers in seiner Heimat sein Überleben und das seiner Reiter, Züchter, Besitzer gesichert haben. Die Anpassung des Individuums an seine Umwelt, die im nächsten Kapitel ausführlicher behandelt wird, spielt hier eine entscheidende Rolle. Auch aus diesem Grund sind Kreuzungen verschiedener Rassen mit Vorsicht durchzuführen, auch wenn im Rahmen der Veredlungszucht englisches und arabisches Vollblut sehr erfolgreich eingekreuzt wird. Die Gefahr von übersensiblen, nicht mehr im Zuchtziel stehenden Tieren ist groß, und die Vorteile des mit Interesse ausge-

suchten, wunderschönen Hengstes müssen sich keineswegs vererben.

Sowohl der Hengst als auch die Stute sind genetisch zu je 50% für das Fohlen verantwortlich, daher müssen an beide Zuchttiere höchste Ansprüche gestellt werden. Somit sollten die Stuten aus durchgezüchteten alten Stämmen kommen, d.h. schon mit bewährten Hengsten gepaart und seit Generationen in einem Typ gezüchtet worden sein, wie das beispielsweise beim Vollblutaraber, englischen Vollblut, Trakehner, aber auch beim Islandpony der Fall ist.

Züchter aus solchen Zuchten, die entweder gar nicht »veredelt« haben, oder aber, wie beim Trakehner, zwar veredelten (xx und ox), aber grundsätzlich den Typ des leistungsfähigen Reitpferdes anstreben, haben längst nicht die Schwierigkeiten beim Erreichen des äußeren Erscheinungsbildes und des Bewegungsablaufs wie Züchter der Landespferdezuchten. Erstere haben Typ und Zuchtziel seit Generationen und streben nur noch geringe Exterieurverbesserungen an, Stutenstämme und Hengstlinien sind im erstrebbaren Typ durchgezüchtet.

Ganz anders sieht es dagegen in manchen Landespferdezuchten aus. Je nachdem wie voraussehend die Gestütsleiter der Landgestüte waren, desto früher (Ende der 50er Jahre) oder später (Ende der 60er Jahre) erfolgte eine Umzüchtung des genetisch gefestigten weitgehend auf Oldenburger und Hannoverscher Grundlage gezüchteten Typs des Arbeitspferdes zum Deutschen Reitpferd aus dem jeweiligen Bundesland. Daß dabei diesen Landesstuten, die mit Vollblut-, Halbblut- und Trakehnerhengsten veredelt wurden, auch in der 3. und 4. Veredlungsgeneration noch Rückschläge in Form von Merkmalen des alten Typs (kurze Fessel, steile Schulter, schlechter Halsansatz, gerade Kuppe) auftreten, ist verständlich.

Interessant ist, daß einige Bundesländer, in denen als Arbeitstiere Kaltblüter vorherrschten, in ihrer Reitpferdezucht kaum gewagt haben, mit Vollblütern zu veredeln, wohl weil die weitgehend bäuerlichen Züchter mit sensiblen, hochblütigen Geschöpfen kaum zurechtgekommen wären. Der eingeschlagene Weg über Selektion und »Veredlung« durch hannoversche Erhalterhengste ist allerdings beschwerlich. Daher ist die »Spitze« teilweise recht dünn im Verhältnis zur Gesamtpopulation eines Landes und außerdem in ihrer Vererbung nicht sicher.

Trotzdem haben Zuchtverbände in diesem Punkt Beachtliches geleistet und verhindert, daß all die Stuten des alten Typs den Weg zum Schlachten antraten. Den ländlichen Pferdezüchtern ist daher zu wünschen, daß ihnen die Umstellung immer besser und auf breiter Basis vollständig gelingt.

Besonders hervorzuheben sind die Zuchterfolge in Oldenburg und Holstein. Während sich in Oldenburg, aber auch im Rheinland, durch ausschließliche Privathengsthaltung ein für die Züchter nützlicher Wettbewerb hinsichtlich der Qualität der Hengste gebildet hat, liegt in Holstein die Hengsthaltung sowohl in den Händen des Verbandes als auch in Privathand. Beide Bundesländer haben durch gezielte Anpaarung mit geeigneten Vollbluthengsten einen neuen Typ aus dem Boden gestampft, der national und international erfolgreiche Pferde stellt.

Aber nicht nur bei den Warmblutrassen tritt das Veredlungsproblem auf. Ein Beispiel ist der Haflinger mit Araberanteil, eine Zuchtrichtung, die nicht alle deutschen Zuchtverbände billigen, und im nächsten Atemzug sind die nervigen Reitponys, Miniaturvollblüter mit hohem Leistungsniveau, zu nennen, die aber aufgrund ihres Temperaments für die wenigsten Kinder geeignet sind und ein hohes reiterliches Können voraussetzen; eine Zucht, die mehr oder weniger in eine Sackgasse geraten ist, weil einer ständigen Arabereinkreuzung schließlich züchterische Schranken gesetzt sind.

Eine ganz andere Perspektive bietet die Veredlung durch Selektion an. Als besonders gutes Beispiel ist hierzu die hessische Norwegerzucht anzuführen, die es geschafft hat, durch strenge Auswahl der Zuchttiere nach Rittigkeitsaspekten auf dem Weg der Reinzucht ein gängiges, großes, vielseitig verwendbares Kleinpferd zu züchten. Der Haflinger als vergleichbare Rasse wurde in seinem Originalzuchtgebiet Tirol durch Reinzucht ebenfalls zu einem marktgerechten, rittigen Pferd umgezüchtet.

Dagegen hat er in den deutschen Zuchtgebieten aufgrund anderer Aufzuchtbedingungen (keine Älpung, fette Weiden) und geringerer Härte in der Selektion viel größere Schwierigkeiten, zumal sehr viele »Züchter« ausschließlich nach Farbkriterien (Fuchs mit weißem Langhaar) und weniger nach Gang und Eleganz Fohlen erzeugen.

Die gewellte, weiße, dicke Mähne, die gespaltene Kruppe, der kurze dicke Hals sind Kaltblutmerkmale, die durchgezüchtet sind und sich dominant vererben. Weil der Haflinger früher eine andere Funktion hatte und jener Erscheinungstyp zweckmäßig war – steile Hänge, Hochgebirge und Arbeitsanforderungen verlangten solche Exterieurmerkmale –, waren sie auch durchaus sinnvoll. Will man nun züchterisch eine Umstellung zum Reittyp erhalten, so müssen in erster Linie die zu schweren Stuten mit kleinem Rahmen, hoher Knieaktion bei wenig Raumgriff und faßbeinigem Gang aus der Zucht genommen werden. Da die Mehrzahl der Stuten zunächst darunter fallen dürfte, ist die Entscheidung schwer, sowohl für eine entsprechende Kommission wie auch für den Stutenbesitzer.

Wird trotz allem mit der gesamten Population weitervermehrt, so ergeben sich eine bescheidene Spitze, breiter Durchschnitt und einige, die unter dem Durchschnitt liegen. In Abhängigkeit von der Marktsituation sind Durchschnittsfohlen unter Umständen kaum noch an den Mann zu bringen.

Die hier angesprochenen Probleme ergeben sich in nahezu jeder Zucht. Wichtig ist es, mit solidem konsolidiertem Material zu züchten, Hengste zu wählen, die die Schwächen der Stute durch besondere Korrektheit ausgleichen, und im Zweifelsfall die Zuchtkommission oder einen erfolgreichen Züchter zu Rate zu ziehen.

Erfolgreiche Züchter sind meistens, nicht immer, im fortgeschrittenen Alter. Sie kennen schon die Großmutter ihrer Stute persönlich, hatten Umgang mit ihr. Über die Generationen hinweg haben sie schon Verbesserungen in dieser oder jener Richtung zu erreichen versucht, die bei der einen oder anderen Anpaarung auch gelangen. Daraus resultieren gesunde, gewachsene Strukturen. Bei der jungen Stute weiß der erfahrene Züchter um ihre Stärken und Schwächen und wird dementsprechend einen passenden Hengst wählen. Er hat durch planmäßige Zucht und Selektion eine durchgezüchtete Stute im Stall, auf der er erfolgreich weiter aufbauen kann.

Wer jedoch erst mit der Zucht beginnen möchte, sollte etwas tiefer in den Geldbeutel greifen und sich nach einer hervorragenden Stute auf einer Stutenschau, von ca. 40 Punkten oder mehr umsehen, oder aber mit dem Spitzenstutfohlen eines Jahrgangs beginnen.

Die Evolution des Pferdes

Bisher haben wir nur von mehr oder weniger planmäßiger Zucht, die durch den Menschen gelenkt wird, gesprochen. Zwar wird die älteste Kulturrasse, der Araber, seit über 1000 Jahren bewußt gezüchtet, und die Pedigrees werden über die Jahrhunderte hinweg weitergeführt, blickt man jedoch auf die Zeit zurück, die das Pferd in seiner heutigen Form auf unserer Erde existiert, so stellt die geplante Zucht nur eine sehr kurze Spanne dar. Um den natürlichen Entwicklungsbedingungen des Pferdes, seinem Verhalten unter Bedingungen der freien Wildbahn und seinen hieraus resultierenden Eigenschaften gerecht zu werden, sind die folgenden Betrachtungen von Wichtigkeit. Der treue Vierbeiner, der da im Stall steht, ist von seiner Bestimmung her nicht gerade für die Umstände geschaffen, in die wir ihn hineinzwingen. Hierauf wird noch ausführlich eingegangen werden.

Zunächst ein Blick zurück in die Vergangenheit unserer Erde, lange bevor der Mensch auftrat. Das Pferd in seiner heutigen Form existiert seit ca. 10 000 Jahren. Es hat sich im Laufe von 60 Millionen Jahren von einem fuchsgroßen Tier zu seiner heutigen Größe und Gestalt entwickelt. Der erste der Pferdefamilie, das Hyracotherium, ernährte sich von Blättern, weil es noch kein Gras gab. Es war an das Leben in dichten Wäldern angepaßt, besaß ein anderes Gebiß, andere Schädelproportionen, lief vorne auf vier und hinten auf drei Zehen.

Im Laufe seiner stammesgeschichtlichen Entwicklung (Evolution) hat es sich ganz entscheidend über verschiedene, anhand von Skelettfunden belegte Zwi-

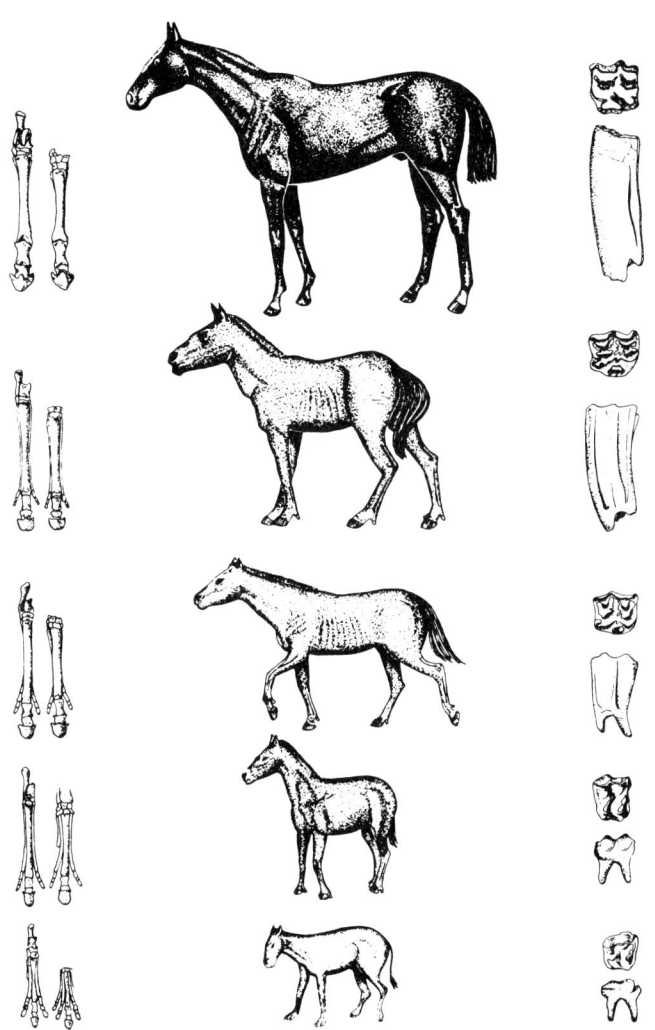

Von unten nach oben: Eohippus, Mesohippus, Merychippus, Pliohippus und das heute lebende Pferd, Equus. Neben jeder Rekonstruktion ist das Skelett des jeweiligen Vorder- und Hinterbeines zu sehen, sowie die Aufsicht und seitliche Ansicht des Backenzahnes. (Aus Alfred S. Romer: Entwicklungsgeschichte der Tiere 2, Lausanne/Wiesbaden 1970).

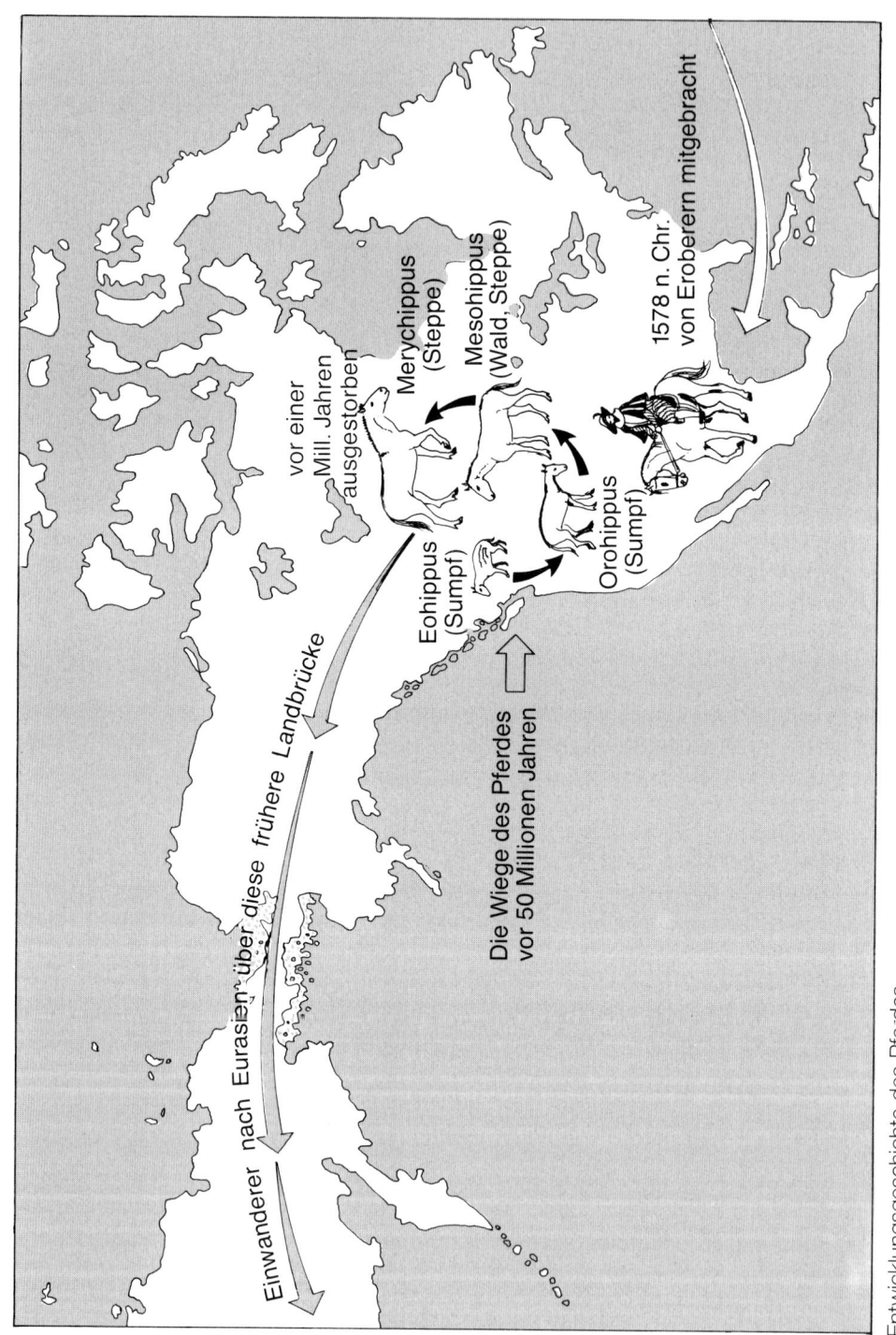

1578 n. Chr.
von Eroberern mitgebracht

Merychippus
(Steppe)

Mesohippus
(Wald, Steppe)

vor einer
Mill. Jahren
ausgestorben

Eohippus
(Sumpf)

Orohippus
(Sumpf)

Die Wiege des Pferdes
vor 50 Millionen Jahren

Einwanderer nach Eurasien über diese frühere Landbrücke

Entwicklungsgeschichte des Pferdes

schenformen zum heutigen Typ entwikkelt. Während der evolutiven Entwicklung ist eine bedeutende Größenzunahme zu beobachten. Daraus resultieren gewisse biologische Vorteile, wie kräftigere Konstitution, größere Schnelligkeit, vergrößerter Aktionsradius, günstigere Nahrungsbeschaffung, raschere Flucht vor Feinden und ein günstigerer Wärmehaushalt. Mit der Wachstumszunahme und Veränderung der Futteraufnahme von weichem Laub zu hartem Gras und Zweigen begann das Pferd, sich im Laufe der Zeit vom Wald- zum Steppentier umzuformen.

Damit erfolgte auch die Entwicklung zum Einhufer, indem die zweite und vierte Zehe sich zu den Griffelbeinen reduzierten und die mittlere Zehe sich zur alleinigen Stütze ausbildete.

Urpferdchen und Stammesgeschichte

Die Messeler Urpferdchen repräsentieren einen frühen europäischen Seitenast des Pferdestammbaumes, der sich im Laufe von 60 Millionen Jahren hauptsächlich in Nordamerika entwickelt hat. Die Messeler Urpferdchen vermögen uns eine Vorstellung vom Aussehen der frühesten Pferdevorfahren zu vermitteln. Diese waren demnach nicht nur viel kleiner und anders proportioniert als die heutigen Pferde, sondern hatten auch noch je vier Hufe an den Vorder- und drei an den Hinterbeinen. Elle und Speiche beziehungsweise Schienbein und Wadenbein waren noch nicht miteinander verschmolzen, die Backenzähne waren noch niedrig, und der Gesichtsabschnitt des Schädels war noch relativ kurz.

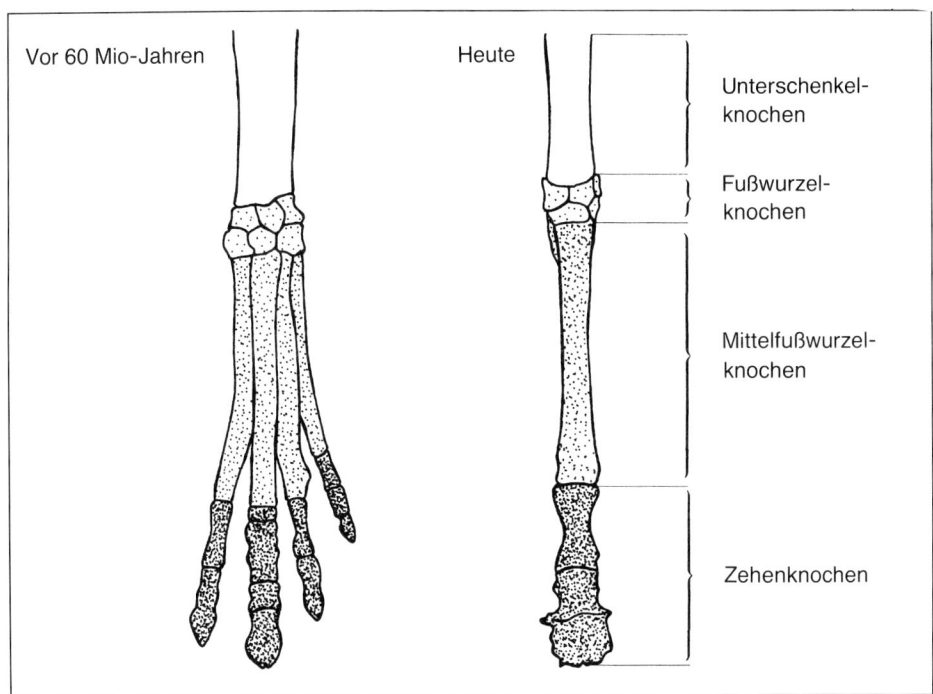

Veränderungen des Vorderfußes innerhalb von 60 Millionen Jahren

Insgesamt ähnelten die Messeler Urpferdchen mit ihrem stark gekrümmten Rücken weniger heutigen Pferden als vielmehr manchen Ducker-Antilopen, denen sie offenbar auch in der Lebensweise (blattäsende Waldbewohner) entsprachen.

Diese Umbildung stellt höchstwahrscheinlich einen Anpassungsmechanismus an die Umwelt dar. Die Verfechter der Anpassung behaupten, daß das Pferd mit einem harten Huf schneller laufen konnte als mit mehreren Zehen. Alle ausdauernden Renner führten eine Zehenreduktion durch.

Außerdem kamen Mutationen vor, die gewisse Veränderungen beschleunigten. Unter Mutation ist eine plötzliche Veränderung im genetischen Material, ausgelöst durch Strahlung aus der Atmosphäre oder bestimmte (giftige) Nahrung, die bei einigen Tieren dasselbe Merkmal verändert haben, zu verstehen. Bei weiterer Vermehrung und Ausbreitung entsteht eine größere Population mit dem besonderen Merkmal, die sich entweder bewährt und damit durchsetzt oder Schwierigkeiten hat zu überleben und dann ausstirbt oder nur in geringem Maße vorkommt (Albinismus).

Mit der Veränderung des Futters in der Steppe ging eine Veränderung des Gebisses zum Pflanzenfressergebiß einher, das sich durch große, angerauhte Mahlflächen, hohe Kronen und harten Schmelz auszeichnete. Die Kauweise ging vom Quetschen zum Mahlen über. Mit dem Größenwachstum des gesamten Körpers ist auch eine Verlängerung der Schnauze im Verhältnis zum Schädel verbunden, um den wuchtigen Mahlzähnen mehr Platz zu bieten.

Solche Umstellungen erfolgten nicht innerhalb weniger Generationen, sondern dauerten Tausende von Jahren. Beide Formen und ihre Übergangsprodukte lebten nebeneinander her und kreuzten sich. Je härter aber das Futter wurde, desto kürzer lebten die Pferde mit weichem Schmelz, weil sie ihre Zähne bald abgenutzt hatten und buchstäblich auf guter Futtergrundlage verhungern mußten. Dementsprechend konnten sie weniger Nachkommen haben, als die Pferde mit hartem Zahnschmelz und hohen Zahnkronen. Im Laufe der Zeit starb die für diese Umweltbedingungen schlechter präparierte Population aus, während die andere überlebte.

In Anpassung an die Umwelt ist die lange Tragezeitdauer von elf Monaten für das Jungtier lebensnotwendig. Dieses Jungtier ist nämlich als Nestflüchter bereits so fertig entwickelt, daß es schon wenige Minuten nach der Geburt seiner Mutter im schützenden Herdenverband folgen kann und damit größere Überlebenschancen hat.

Die Dauer der Evolution des Pferdes betrug, nahezu unvorstellbar, 60 Millionen Jahre. Die Überbleibsel, d. h. die letzten echten Wildpferde, sind der Tarpan und das Przewalskipferd. Der Tarpan ist inzwischen ausgerottet, Przewalskipferde sind vereinzelt, meist nicht mehr reinblütig, in Zoos anzutreffen.

Die übrigen »Wildpferde« (Mustangs in Amerika, Camargue-Pferde, Dülmener Wildpferde, Islandponys, Connemarapferde) stellen verwilderte Hauspferdeformen dar, die in Herdenverbänden in abgelegenen Landstrichen fast ohne menschlichen Einfluß leben und zum Teil ethologischen Untersuchungen dienen. Vor ca. 4000 Jahren begann der Mensch Einfluß auf die Pferdepopulation zu nehmen.

Daher ist es natürlich eine Überlegung wert, wie das Pferd es nun geschafft hat, sich ohne den Eingriff des Menschen zu

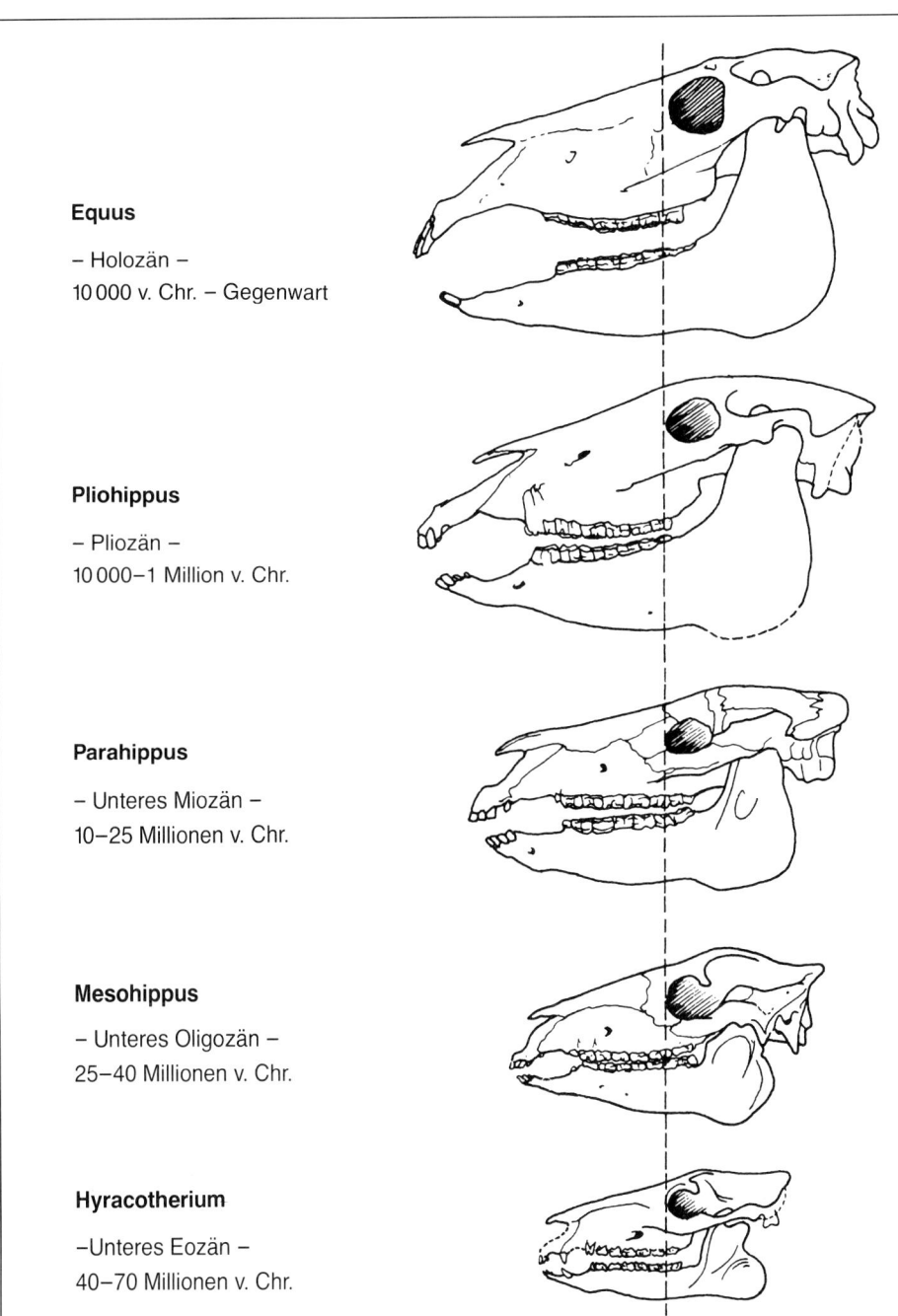

Equus

– Holozän –

10 000 v. Chr. – Gegenwart

Pliohippus

– Pliozän –

10 000–1 Million v. Chr.

Parahippus

– Unteres Miozän –

10–25 Millionen v. Chr.

Mesohippus

– Unteres Oligozän –

25–40 Millionen v. Chr.

Hyracotherium

–Unteres Eozän –

40–70 Millionen v. Chr.

Vier Grundtypen des Urpferdes der Eiszeit (600 000–10 000 v. Chr.)

Die Evolution des Pferdeschädels (v. 70 Millionen Jahren bis zur Gegenwart) zeigt die allmähliche Verlängerung des Gesichtsschädels und das Höherwerden von Schädel und

1. Urpony (vergleichbar z. B. dem Exmoor-Pony)

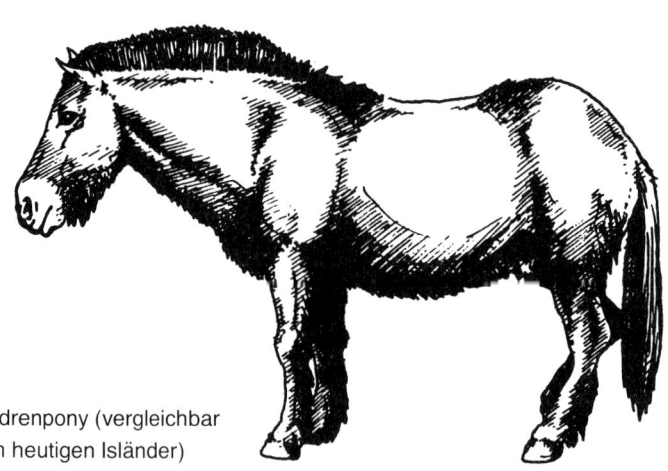

2. Tundrenpony (vergleichbar dem heutigen Isländer)

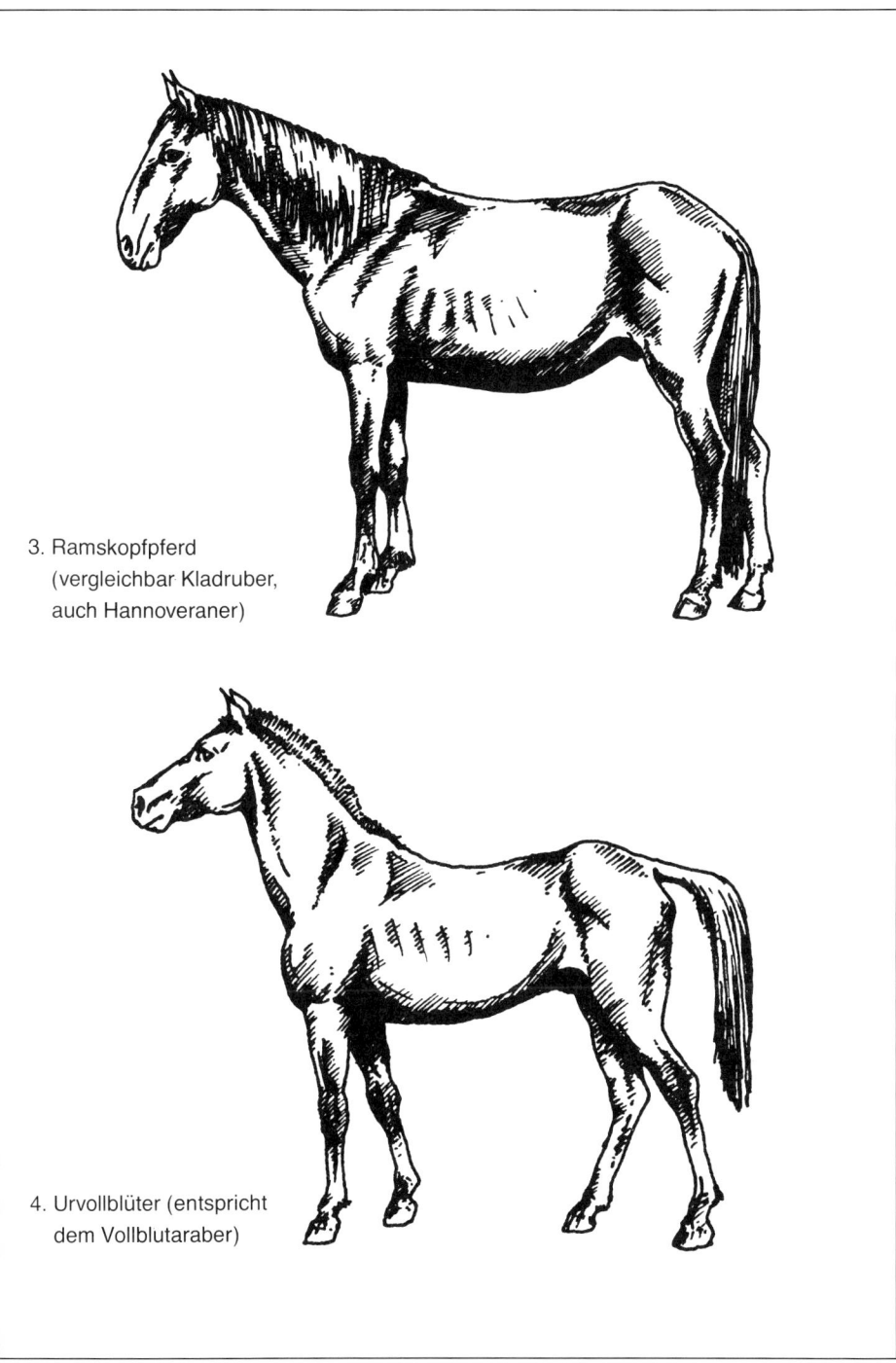

3. Ramskopfpferd
   (vergleichbar Kladruber,
   auch Hannoveraner)

4. Urvollblüter (entspricht
   dem Vollblutaraber)

einem solch »praktischen« Ausgangsprodukt zu entwickeln. Ich spreche absichtlich von einem Ausgangsprodukt, weil
das Pferd ursprünglich kein Nutztier war,
sondern von Menschen dazu gemacht
wurde, was entsprechende Veränderungen, erreichbar durch planmäßige Zucht,
erforderte.

Man sehe sich dazu nur die Rassenvielfalt
auf der ganzen Welt an, bedenke allein
die Größenunterschiede zwischen Shet-
landpony und Shirehorse. Aber trotz allem haben sich bestimmte Verhaltensweisen, die sich im Laufe von Jahrmillio-
nen herausbildeten, bis heute erhalten,
während andere, für das Überleben in
freier Wildbahn notwendige Faktoren, un-
beabsichtigterweise herausgezüchtet
wurden (engl. Vollblut). Ich denke dabei
besonders an den Fluchttrieb, der mehr
oder weniger ausgeprägt noch in jedem
Pferd steckt, wohingegen die natürliche
Nahrungsaufnahme über den Weidegang nicht mehr jedes Pferd allein vom
Sommergras rund werden läßt.

Der Kampf ums Dasein –
Charles Darwin (1809–1882)

Der Engländer Charles Darwin war der
Begründer einer Theorie, die die allmähliche Entwicklung aller organischen Wesen aus einfacheren Organismen an-
nahm. Somit sind die heutigen Formen
aus einfachsten Organismen als Folge
natürlicher Zuchtwahl und der Anpassung an die gegebenen Verhältnisse im
Laufe großer Zeiträume entstanden.
Auch heute leben fast alle nicht domesti-
zierten Tierarten in einem ständigen
Kampf ums Dasein. Auch verwilderte
Pferde, wie die Mustangs in Amerika oder

die unter fast vollkommen natürlichen Bedingungen lebenden Islandponys, aber
auch das arabische Pferd, sind diesem
Kampf ausgesetzt.

In Ländern, in denen das Pferd noch z. T.
wenigstens ein lebenswichtiges Fortbe-
wegungsmittel ist, wird, vielleicht unbe-
wußt, nach Überlebenskriterien gezüchtet. Dem Araber würde es im Traum nicht
einfallen, größere, kalibrige Pferde in seine Zucht einzukreuzen, damit die Produkte kräftiger und breiter werden, evtl.
einen imponierenden Trab bekommen
oder gar ruhiger werden. Er war auf sein
Pferd angewiesen, brauchte seine trok-
kene Statur und Zähigkeit, weil die Vegetation keinen üppigen Tisch deckte, das
Wasser von jeher kostbar war. Er brauchte keinen imponierenden Trab, weil er der
Bequemlichkeit halber sowieso meist
Galopp oder Schritt reitet.

Fast überall in der Welt wird der Vollblutaraber nach arabischem Vorbild im Wü-
stentyp gezüchtet; Selbsttränken in der
klimatisierten Box jedoch sind keine naturgegebenen Bedingungen. Hier ergibt
sich ein Grundproblem, nämlich ob ein
Pferd schollengebunden, d. h. abhängig
in Temperatur, Futter, Wachstum usw.
von seinem Ursprungsland, ist oder nicht.
Beim Vollblutaraber trifft dies sicherlich
zu, da die in Europa und Amerika gezüchteten Tiere nicht dieselben Umweltbedingungen haben können wie diejenigen im
Ursprungsland.

Selbstverständlich ist es ein Unterschied,
ob ein Warmblutpferd auf den fetten
Marschweiden Norddeutschlands bis
zum Bauch in bestem Futter stehend auf-
wächst oder in einer der eher kargen und
rauhen deutschen Mittelgebirgsland-
schaften lebt. Die Ernährungsgrundlage
des Pferdes kann aus ein und demselben
Typ von Pferd entweder ein sehr
schwammiges Erscheinungsbild oder

einen Kümmerling machen, aber auch – und dies im günstigsten Fall – eine optimale Kondition entwickeln helfen. Aber nicht nur die ausgewogene, trockene Ernährung, besonders während der Aufzucht, prägen den Phänotyp (äußeres Erscheinungsbild) eines Pferdes, sondern auch seine Umwelt.

Damit sind Reize gemeint, durch die Kontakt zum Menschen und das Verhältnis zur Lebensumgebung ausgeprägt und gefördert werden. Wenn ein Pferd 24 Stunden am Tag mit dem Kopf vor der Wand steht und außer den Futterzeiten keinen Kontakt zum Menschen hat, wird es, einmal hinausgelassen, seiner natürlichen und erst recht seiner nicht-natürlichen Umwelt mit all ihren »Reizen« (Autos, fremde Geräusche, zum Beispiel auch Plastiktüten) ängstlich gegenübertreten, leicht in Panik geraten und vielleicht sofort wieder seinen Stall aufsuchen.

Es gibt Pferde, die seit dem Absetzen von der Mutter bis zum Alter von drei Jahren keine Weide gesehen haben, dann dreijährig erstmals einem Schmied vorgeführt und dann »auf-die-Schnelle« angeritten werden. Daß diese Tiere sich als neurotische, ängstliche, weiche, unbemuskelte und anämische Pferde herausstellen, wundert eigentlich keinen, der sich ein wenig damit befaßt – außer dem hoffnungsvollen Käufer einer solch armen Kreatur, der seinen angestrebten Siegeslorbeerkranz nur noch zum Würzen verwenden kann. Aber: Es gibt ja noch mehr Pferde zu kaufen ...

Ähnliches gilt für die seit Jahrhunderten unvermischten Islandponys, die hervorragend an ihre Umwelt angepaßt sind, dementsprechend von »Edelpferdezüchtern« als plump, bestenfalls als lustige Zottelbären bezeichnet werden. Dabei sind alle typischen Merkmale sinnvoll im Kampf ums Dasein. Gerade weil die bei-

den angesprochenen Rassen derartig konträr sind, lohnt sich ein Vergleich in der nachfolgenden Abbildung, wo in hervorragender Weise von Ursula Bruns die Hauptunterschiede und deren Ursachen deutlich herausgestellt werden:

Diese beiden konträren Typen haben sich in Abhängigkeit von der Umwelt gebildet und bestehen den Kampf ums Dasein unter jeweils extremen Bedingungen. Bringt man einen Isländer nach Arabien und einen Araber nach Island, so wird ersterer mit der Hitze die größten Schwierigkeiten haben, während der Araber in Island der feuchten Kälte zum Opfer fällt.

Die spezifische Anpassung ist also ein über Generationen gewachsener Vorgang. Durch die natürliche Auslese werden Tiere, die den Anforderungen ihrer Umwelt nicht entsprechen, ausgemerzt und können sich nicht weiter vermehren.

So ist eine Mustangherde, die mit dem Hengst, einigen Stuten und Fohlen irgendwo im Westen Amerikas zwischen Weide und Wasserplatz umherwandert, der Bedrohung durch Raubtiere, Naturgewalten und gelegentlich den Menschen ausgesetzt. In der ersten Phase der Selektion fallen die schwachen und kranken Tiere ihren natürlichen Feinden zum Opfer. Weiterhin werden diejenigen Mustangs, die an ihre Umwelt nicht besonders angepaßt sind, Schwierigkeiten haben, zu überleben.

Darunter fallen die Tiere, die bei der Flucht nicht schnell genug laufen können und leichte Beute sind. Hier ist also ein Leistungsmangel entscheidend. Schwerfuttrige Tiere finden in harten Wintern nicht genug Nahrung und verenden, zu weiche Hufe nutzen sich schnell ab und hindern das Pferd an ungestörter Nahrungsaufnahme und Flucht. Gut angepaßt

Zierlich, schmal, hochbeinig.
Langer, schmaler Kopf mit leicht gebogener Nase.
Langer, manchmal dünner Hals.
Kurzer, schmaler Rücken.
Schmale Brust, oft betont gerade Kruppe.
Lange, »dünne« Knochen.
Feine, dünne Röhrbeine, sehr trocken.
Kleine Hufe, besonders fest.
Sehr gerade, manchmal steile Hinterhand mit oft steil gestellten Hinterbeinen.
Dünnes, kurzes, metallisch glänzendes Deckhaar.
Hoch angesetzter, hoch getragener Schweif mit schmaler Wurzel.
Dünnes, strähniges, langfallendes Schweif- und Mähnenhaar.

Insgesamt ein Pferd der Hitze und der Trockenheit, die es sehr gut aushält.
Körperbau primär für lange, leichte Galopps entwickelt.
Seine Zähne im leichten, schmalen Kiefer sind so gewachsen, daß es weiches (Grün- und Korn-)Futter am besten zerkleinern und verdauen kann.
Die Nase ist schmal, die Nüstern können sich extrem weit öffnen und dadurch bei großer Hitze und bei großer Schnelligkeit viel Luft ansaugen.
Das Temperament ist eher jäh, die Wachsamkeit betont, aber sporadisch: Auf weit überschaubarem Steppen- und Wüstengebiet rettet die sehr schnelle Flucht meist auch noch im letzten Augenblick.

Isländer

Stämmig, gedrungen, kurzbeinig.
Keilförmiger Kopf mit gerader Nase.
Kurzer, etwas schwerer Hals.
Kurzer, strammer Rücken.
Tiefe Brust, abfallende Kruppe.
Kurze, »dicke« Knochen.
Umfängliche Röhrbeine.
Breite Hufe, manchmal weich.
Gewinkelte Hinterbeine mit oft stark gewinkelten oder kuhhessig gestellten Hinterbeinen.
Rauhes, im Sommer kurzes, im Winter langes, dickes Haar.
Tief eingesteckter Schweif mit breitem »Dach«.
Dickes, dichtes Schweif- und Mähnenhaar.
Insgesamt ein Pferd der Kälte und der Nässe, die es sehr gut aushält.

Körperbau primär für Schritt und Trab (bzw. Tölt) entwickelt.
Seine Zähne im schweren Kiefer sind so gewachsen, daß es hartes, ja gefrorenes Futter zerkleinern und verdauen kann.
Die Nase ist kurz und breit, mit viel Raum für den muschelförmigen Nasenknochen, über dem die Luft zirkuliert und erwärmt wird, ehe sie in die Lunge gelangt.
Das Temperament ist eher bedächtig, die Wachsamkeit stetig und unauffällig: Seine Urheimat bietet kein Gelände für schnelle Flucht. Berge, Sümpfe, Moore, Geröll zwangen zu sehr überlegter Flucht.

zu sein heißt also nicht unbedingt stark oder schön oder schnell zu sein, sondern unter Anpassung ist eine Summe von Eigenschaften zu verstehen, die es dem Pferd in einem speziellen geografischen Raum ermöglicht, gegen Witterung und natürliche Feinde zu überleben.

Die heutige Warmblutzucht ist nach den bekannten anderen Kriterien ausgelegt: Leistung, Frühreife, Unkompliziertheit, Uniformität, Gangvermögen. Ein Konsumgut, dessen natürliche Überlebensfähigkeit degeneriert und dessen Fruchtbarkeit störungsanfällig geworden ist. Es wird so gehalten, wie der Mensch es für richtig hält. Dabei werden Verhaltensmuster von den Vätern übernommen, die z. T. nicht mehr den Voraussetzungen entsprechen, denen die Pferde unter Wildbahnbedingungen ausgesetzt sind. Letztendlich stellt die Pferdezucht ja auch keinen Selbstzweck dar, sondern will für eine Käuferschicht Pferde produzieren, die sich verkaufen lassen. Besondere Eigenschaften, die der Mensch sich nutzbar macht, stehen im Vordergrund.

Die Selektion durch Körung und Stutbucheintragung ist nicht identisch mit der in der freien Wildbahn. Dies muß sie auch nicht sein, weil das Pferd als domestiziertes Nutztier anderen Aufgaben gewachsen sein muß. Über dem Ziel, ein perfektes Pferd in der jeweiligen Rasse zu züchten, ein Pferd mit sportlichen Anlagen, ein erfolgreiches, wird die Liebe, das persönliche Verhältnis zu den »nicht so Guten« immer geringer.

Strukturen in der freilebenden Herde

Da ich in den folgenden Ausführungen immer wieder Beziehungen zur wildlebenden Pferdeherde herstellen will, soll an dieser Stelle ein kurzer Überblick über den Aufbau einer solchen Pferdegemeinschaft gegeben werden. Ich habe hier absichtlich nicht von Wildpferden gesprochen, weil Tarpan und Przewalskipferd als letzte Vertreter nicht mehr in Herden umherziehen. Eine wildlebende Herde besteht entweder aus verwilderten Hauspferden (Mustangs – USA) oder aus freilebenden Hauspferden (Island, England – New Forest, Frankreich – Camargue).

Dabei lebt der Hengst mit ca. zwei bis zwölf Stuten und der entsprechenden Nachzucht, die sich aus Saugfohlen und ein- bis zweijährigen Stutfohlen rekrutiert, zusammen. Die Saugfohlen erhalten etwa zehn Monate lang die Muttermilch und damit genügend Nährstoffe, um den entbehrungsreichen Winter zu bestehen.

Sobald die neuen Fohlen mit Beginn der warmen Jahreszeit, für europäische Verhältnisse ab April – Mai – Juni, fallen, ist für die ausgepumpten Mütter eine gute Futtergrundlage vorhanden. Die inzwischen einjährigen Hengstfohlen schließen sich zu Junggesellengruppen zusammen und folgen der Herde in einigem Abstand, um dem Leithengst und Vater bei seinen weiteren Bedeckungen nicht in die Quere zu kommen. Bei der Futteraufnahme, die sich etwa über zwölf bis 14 Stunden am Tag erstreckt, sind die Pferde ständig in langsamer Bewegung.

Dabei grasen die schwerfälligen, hochtragenden Stuten und diejenigen mit Fohlen bei Fuß im Kern der Herde, während ältere Fohlen und nichttragende Stuten einen äußeren Schutzring bilden. Der Hengst kann in gewissem Abstand zu seiner Herde stehen, um sie im Ernstfall zu warnen. Ansonsten umkreist er sie zusammenhaltend und hat damit eine anstrengende Aufgabe, zumal im Frühsommer die Bedeckungen der Stuten auch an den Kräften zehren.

Bei Gefahr führt die Ranghöchste, die sogenannte Leitstute, die Herde an, und die anderen laufen blindlings hinter ihr her, während der Hengst den Rückzug deckt und es gegebenenfalls auch auf einen Kampf ankommen läßt. Die Stuten fechten ihre Stellung in der Herde untereinander mit Hufen und Zähnen aus. Die Leitstute ist die uneingeschränkte Herrscherin. Sie hat das Anrecht auf das beste Futter, darf als erste ans Wasser und hat auch den höchsten Anspruch an den Hengst.

Hieraus läßt sich gut das folgende Erlebnis verstehen: Unsere Islandstute Riona kam zum Decken zu einem Hengst auf die Weide. Dort befanden sich bereits vier Stuten, die schon ihre Rangordnung ausgefochten hatten. Eine 23jährige Fuchsstute war die Leitstute, gefolgt von einer Schimmelstute und einer Falbin. Eine Schecke war die rangniedrigste.

Als unsere Riona, heftig rossend, auf die Weide zu dem Quintett gelassen wurde, stürzte sich nicht etwa der Hengst in der Ausübung seiner Pflichten oder die Leitstute auf sie, sondern die Schecke, die jetzt ihre Chance, über ein anderes Pferd herrschen zu können, spürte. Nach einem kurzen Beriechen flogen die Hufe, und die Sache war entschieden. Riona, die in unserer Stutengemeinschaft die rangniedrigste war, fügte sich auch hier.

Als sich nun der Hengst, er war mit fünf Jahren noch relativ jung, der neuen Dame widmen wollte, schlug die Leitstute dazwischen und unterband alle Kontakte zwischen den beiden. Es bestand die Gefahr, daß die Stute während der Rosse aufgrund der Störung durch die anderen Stuten von dem Hengst gar nicht gedeckt werden konnte. Besonders erschwerend war die relativ kleine Weide (0,7 ha), die außerdem keine Buschverstecke enthielt, so daß Hengst und Stute immer in nahem Blickfeld der anderen stehen mußten.

Trotzdem gelangen im Laufe der nächsten Tage einige Bedeckungen, und wir holten unsere Stute nach zehn Tagen wieder ab, tragend. Ein paar kleine Bißwunden hatte sie zwar abbekommen, ernsthafte Verletzungen waren durch die anderen Stuten aber nicht entstanden. Fast jede Beißerei und Schlägerei vollzieht sich in einem bestimmten Ritus. Es ist mehr Einschüchterungstaktik und Geschrei dabei als ernsthafte Verletzungsabsicht.

Die Halterin des Hengstes hatte leider keine blasse Ahnung von Zucht und Hengsthaltung, und so war ihr nicht einmal aufgefallen, daß unsere kleine Stute eine vollkommen aufgerissene äußere Scheidenregion hatte, die bereits entzündet war und stark eiterte. Wahrscheinlich lag die Ursache dafür in der Ängstlichkeit unserer Stute, die sich von den anderen beim Decken stören ließ und nicht entspannt für den Hengst bereit war.

Da in diesem Fall der Mensch das Territorium begrenzte und daraus ein ungünstiges Verhalten auftrat, ist der Vorfall kein Argument gegen das freie Decken auf der Weide. Die freie Bedeckung in der Herde ist für die Trächtigkeit immer noch am erfolgreichsten, der Hengsthalter muß im Bedarfsfall aber eingreifen und nicht die Laissez-faire-Methode wählen, in der Hoffnung, daß sich alles in der Natur von selbst regelt, denn die Voraussetzungen, die wir geben, sind nicht natürlich.

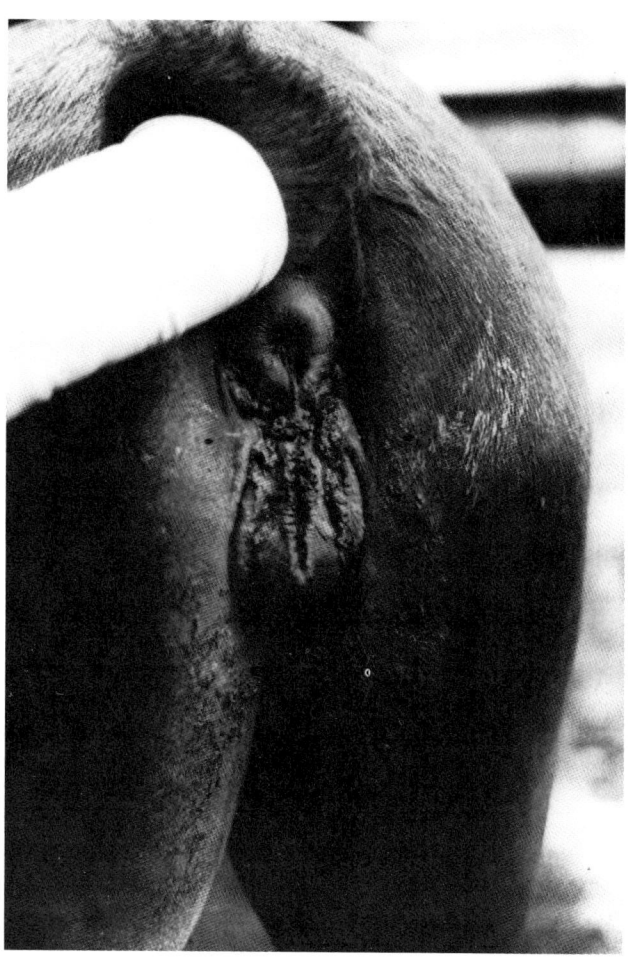

Entzündete Scheide

Eine eingezäunte Weide ist eben nicht in der Natur vorgesehen und zehn fremde Stuten vertragen sich auch nicht immer ohno woitoros, weil sie zu unterschiedlich aufgezogen und geprägt sind. Entsprechende Konsequenzen, z. B. Herausnahme bestimmter Tiere aus der Herde und tägliche Kontrolle aller Pferde sind daher unbedingt Voraussetzung für diese Form des Deckens, auf die ich später noch einmal zurückkomme.

In der freilebenden Herde werden die Fohlen gewöhnlich in der warmen Jahreszeit, April bis Juli, geboren, weil dann eine ideale Futtergrundlage für die Mutter vorhanden ist und damit genügend Milch für das Fohlen produziert werden kann. Auch haben die Temperaturen keinen schädlichen Einfluß mehr. Die Rosse zeigt sich auch erst in diesen Monaten entsprechend ausgeprägt, so daß eine zu frühe Bedeckung nicht erfolgt, weil die Fohlen sonst durch Kälte oder mangelhafte Nahrung sterben könnten. Mancher Züchter kam im kalten Winter 1978/79 in Schwierigkeiten, weil sein Stall zu stark auskühlte und die zur Jahreswende geborenen Fohlen zitterten.

Auch ist es schwierig, Zuchtstuten im tiefen Winter zur deutlichen Rosse zu bewegen, da sich der biologische Rhythmus als Erbe der freien Vorfahren und der Anpassung an die Umwelt nicht so einfach manipulieren läßt. Da aber verschiedene Züchter frühe Abfohlzeiten anstreben, wird vielfach versucht, mit Hilfe von Fütterung, Tierarzt und Hormonen die Natur auszutricksen, was mehr oder weniger auch gelingt.

Eine wildlebende Pferdeherde führt ein abwechslungsreiches Leben, auch wenn es auf den ersten Blick nicht immer so aussieht. Etwa zwölf Stunden des gesamten Tages sind der Nahrungsaufnahme vorbehalten. Die Tiere ziehen stetig, haben ein abwechslungsreiches Nahrungsangebot und sehr viele Umweltreize, auf die sie durch Aufmerksamkeit, Angst oder Flucht reagieren. Im großen und ganzen ziehen sie langsam grasend vorwärts, suchen geeignete Wasserstellen und haben ihre ausgesuchten Dös- und Ruheplätze, die zu bestimmten Zeiten aufgesucht werden.

Ausgiebiges Wälzen auf unterschiedlichem Untergrund und anschließende soziale Hautpflege (Fellkraulen) mit beliebten Partnern gehören zu den besonderen Annehmlichkeiten. Die Fohlen können spielen und toben und bereiten sich so auf größte Leistungen bei der Flucht vor Feinden vor. Ihre Sehnen und Muskeln sind gut ausgebildet, sie sind durch und durch gesund, kräftig, abgehärtet.

Innerhalb der Herde gibt es eine Rangordnung und eine Aufspaltung in Familienverbände. Es bestehen Freund- und Feindschaften zwischen einzelnen Tieren, die im ritualisierten Kampf ausgetragen werden. Dabei sind ernste Verletzungen sehr selten, weil angeborene Reaktionen auf Schlüsselreize erfolgen. Kaut ein Fohlen und zeigt damit seine Unter-

legenheit, so wird das drohende Pferd von ihm ablassen.

Einige Bemerkungen für die, die es angeht! Was macht der Mensch aus diesen Geschöpfen? Er sperrt sie in vergitterte Käfige von 3 × 3 oder bestenfalls 4 × 5 m. Pechvögel stehen 24 Stunden am Tag an der Kette vor der Wand, oft wochenlang. Der Stall ist schön warm (Klimaanlage), aber trotzdem frieren die geschorenen Kreaturen unter ihren Warmhaltedeckchen. Oder sie stehen in der feuchtwarmen ammoniakgesättigten Luft eines Kuh- oder Schweinestalls, gemistet wird zweimal im Jahr, immer dann, wenn der Kopf an die Decke stößt.

Der Herrenreiter, oder einer, der es werden will, schwingt sich am Sonntagmorgen auf den »Bock«, und dann geht's aber durch die Prärie, da springen die Fußgänger ins Dickicht, und der Gaul kommt mit dicken Beinen heim. Aber er kann sich die Woche über vor der Wand ja kurieren, bis zum nächsten Sonntag. Spätestens bei der herbstlichen Fuchsjagd bekommt er seinen Herz- oder Nierenschlag und wird mit dem Traktor aus dem Wald geschleift – Halali!

Freier Auslauf ist aus Desinteresse oder Angst vor Verletzungen nicht drin. Es könnte ja was passieren, wenn die Zigtausend-DM-Pferde ungeschickt beim Bocken und Rennen ihre mit Gamaschen überzogenen Beine aneinanderschlagen. Und außerdem werden Pferde durch das Wälzen dreckig! Halbhohe Türen zum Hinausgucken sind unnötig. Besser ist es, wenn sie schön isoliert und abgestumpft im Stall stehen. Das bißchen Weben und Koppen, das besonders bei nervigen Pferden als Neurose gegen die unsachgemäße, aber ach so durchdachte Haltung auftritt, liegt schließlich nur am »Scheißbock« und nicht an der nervtötenden Langeweile und Stupidität.

»Das Pferd muß bleiben«, so hieß der Slogan in der Reithalle des Reitstalls, wo ich meine ersten, weniger angenehmen Erfahrungen mit dem Pferderücken in den 60er Jahren machte. Es ist geblieben, und es haben sich in seiner 2000-jährigen Haustiergeschichte noch nie so viele Menschen mit ihm beschäftigt, die so gut wie nichts von ihm verstehen.

Es haben aber auch noch nie so viele Züchter ein kurzlebiges, verschleiß-freundliches und unproblematisches Pferd angestrebt wie heute. Es hat für die Erhaltung des Menschen (Landwirt-schaft, Kriegszwecke) keine fundamen-tale Bedeutung mehr. Es ist Freund, Frei-zeitpartner, Sportkamerad und Sportge-rät, Statussymbol, Zuchttier und Gebär-maschine (mit eingepflanztem Embryo!?), aber kein Arbeitstier im traditionellen Sinn.

Die Einstellung der Besitzer zu ihren Pfer-den ist überwiegend positiv, manchmal aus Unkenntnis falsch, ansonsten be-sorgt: »nur das Beste für mein Pferd«. Darauf setzen die Futtermittelindustrie, die Stallbauexperten und die Hersteller von Pferdeführanlagen und Solarien. Nichts gegen Solarien, sie sind sicherlich sehr angenehm, aber ihre eigentliche Funktion liegt im Ersetzen des Sonnen-lichts. Und die scheint zumindest an 150 Tagen im Jahr – und ist umsonst. Ach so, ich vergaß, die Pferde könnten sich ja schmutzig machen oder erkälten, und in Reitställen in der Innenstadt sind die Grünanlagen knapp.

Eine Freundin von mir, exzellente Reiterin, erhielt aus führendem Dressurstall ein ausrangiertes S-Dressurpferd ge-schenkt. Ein älteres Baujahr, hervorra-gend gepflegt, ein Pferd, ehrfurchtsvoll anzuschauen, aber temperamentlos. Nach drei Monaten im neuen Stall war es wie ausgewechselt. Sein Abstieg von der geheizten Königssuite mit Waschbox in die Studentenbude hatte ihn, man glaubt es kaum, wundersam wieder aufgepäp-pelt.

Der Prinz auf der Erbse erhielt nach wie vor das gleiche Heu-Hafer-Pellets-Vit-amin-Gemisch und stand unter tierärztli-cher Kontrolle. Diverse Arzneien gegen mehr oder weniger vom Besitzer herbei-geführte oder verschuldete Krankheiten (chronischer Husten, bedingt durch Holz-schutzmittel) wurden nach und nach weggelassen, der kalte Stall ließ sein Fell wachsen, und das zusätzliche Deckchen hielt nur im ersten Winter warm.

Täglicher Weidegang mit Auslauf, Spiele-reien und Gerangel mit Ponys machten aus dem frustrierten Senior einen ausge-lassenen Jüngling. Die Gänge wurden wieder schwungvoll, der oft wehleidig ge-hobene Huf blieb belastet und wurde nicht mehr mitleiderweckend gezeigt. Unter dem Sattel wurde er übereifrig, wollte nur noch piaffieren und ähnelte im Gelände eher einem Geschoß. Er sieht nicht immer wie geleckt aus, aber es ist eine Lust, auf ihm zu reiten.

Ein zufriedenes Pferd hat den Effekt, bis-weilen auf den Menschen positiv zurück-zuschlagen. Zur Verstärkung des Mensch-Pferd-Verhältnisses gehört es, das angeschmutzte Weidepferd selbst zu putzen, das zunächst zwar unbequem erscheint – aber welch nahen, nicht lei-stungsgebundenen Kontakt erhält man doch dadurch. Das Pferd dient doch der Freizeit, der Erholung, ist Ausgleich zum Beruf. Der Gedanke, wenig Zeit zu haben und nochmal schnell eine Stunde auf ein fix und fertig vorgeführtes Pferd zu stei-gen, ist wenig erholungsträchtig, weil besonders die nervigen Vertreter sehr empfindlich auf Hektik reagieren und den ungeduldigen Reiter daraufhin eher und nachhaltiger frustrieren.

Wenn in neuerbauten Reitschulen in Stadtrandlage mit großzügiger Halle, großen Boxen, Dressurplatz und Springparcours ein Auslauf für die geplagten Schulpferde fehlt, dann ist das schlichtweg Geiz und Dummheit. Es geht aber auch anders. So schickt ein mir gut bekannter Reitstall seine Schulpferde seit Jahren im Sommer vier bis acht Wochen auf die Weide, gewissermaßen zur Erholung. Während dieser Zeit hat der Pfleger Urlaub, und Umbauten und Stallrenovierungen können erfolgen.

In der ersten Schulstunde nach der Sommerfrische sind die Pferde dann zwar recht ausgelassen, aber es verwundert auch nicht, wenn zwei 22jährige Stuten sich noch mit gleicher Frische und ohne die üblichen Verschleißerscheinungen behaupten wie ihre jungen Kollegen. Dabei fällt aber die geringe Unterrichtszeit (zwei bis drei Stunden) pro Tag noch zusätzlich ins Gewicht.

Wenn hier Mißstände oder auch nur Nachlässigkeiten, bisweilen aber auch Unkenntnisse und Dummheiten, angeprangert werden, so fühlt sich wahrscheinlich leider die Gruppe, für die solche Bemerkungen Anstoß zur Änderung geben könnten, nicht angesprochen.

Einblick in die Praxis

Zuchtstätten

Gestüte

Privatgestüte haben, von wenigen Ausnahmen abgesehen, einen Fortschrittsanspruch. Sie zeichnen sich gegenüber manchem bäuerlichen Züchter oder Hobbyzüchter auf den ersten Blick oft durch pferdegerechte Architektur, hohe Decken, große Boxen und Laufställe, lange helle Fensterreihen, holzeingezäunte Koppeln und umfassende, ausgewogene Fütterung aus. Hufpflege und tierärztliche Versorgung sind, von wenigen Ausnahmen abgesehen, vorbildlich.

Trotz dieser guten Bedingungen gewann ich beim Besuch verschiedener Warmblut-, Vollblut- und Kleinpferdegestüte doch sehr unterschiedliche Eindrücke. Je größer das entsprechende Gestüt war (Kopfzahlen von 100 Tieren und mehr), desto ungünstiger war das Verhältnis vom Personal zur Anzahl der Tiere. Dort erinnerten die Fütterungszeiten und der Umgang in den großen Fohlenlaufställen, wo bis zu 15 Tiere eines Jahrgangs, getrennt nach Stut- und Hengstfohlen, untergebracht waren, an Bullenmastbetriebe. Ich vermißte lediglich den Spaltenboden.

Je nachdem, über wieviel Idealismus Gestütsleiter, Futtermeister und Pfleger verfügen, zeigen sich in diesen großen Züchtungsanstalten trotzdem noch, freilich selten genug, engere Beziehungen zum einzelnen Pferd. Die Masse aber wächst nahezu ohne menschlichen Kontakt auf. Die Folge sind mangelndes Vertrauen zum Menschen und oft auch fehlende Umgänglichkeit.

Auswirkungen zeigen sich bei der Hufkorrektur, die Fohlen wollen nicht stehen, weil sie es nicht gelernt haben, es war für die Pfleger einfach zuviel. Aus Zeitgründen liegt der Griff zur Bremse nahe. Vom Tierarzt, dem die Pferde, weil sie nicht einmal zu ihrem unter Umständen noch häufig wechselnden Pfleger ein Vertrauensverhältnis aufbauen konnten, mißtrauisch und ängstlich gegenüberstehen, sind sie aus dieser Furcht heraus schwierig zu behandeln.

Je größer ein Gestüt ist, desto eher arbeitet es nach ökonomischen Gesichtspunkten. Nach diesen ist die Stute mit ihrem Fohlen das Kapital. Die Kosten für die heranwachsenden Pferde sind durchkalkuliert, und ein weiterer Pfleger zur Verteilung von Streicheleinheiten und Gewohnheitsübungen bedingt z. B. einen höheren Endverkaufspreis, der vom Käufer, weil er sich der Notwendigkeit nicht bewußt ist, nicht getragen wird.

Der geringe Überblick mancher Gestüte, z. T. durch überlastetes, häufig wechselndes Personal bedingt, ist erschreckend. Auf der Suche nach einer Trakehnerstute fuhr ich nach telefonischer Anmeldung ein Gestüt an, um eine Stute zu besichtigen. Man hätte im Moment wenig Zeit, hieß es da, aber die Stute stände wohl auf der Weide 2, zusammen mit den anderen Mutterstuten, und ich sollte sie mir ruhig schon mal ansehen. Bei weiterem Interesse könne man ja noch einmal darüber reden. Die Stute sei übrigens ein Fuchs ohne Abzeichen.

Nach zehn Minuten Fahrt konnte ich unter sechs Fuchsstuten mit Abzeichen leider meine Auserwählte ohne Weiß nicht finden. Im klärenden Gespräch stellte sich heraus, daß die Stute wohl doch, entweder links oder rechts, hinten weiß gefesselt sei und über einen abgefressenen Schweif verfüge. Letzteres stellte sich als untrügliches Erkennungszeichen heraus. Dieses Pferd habe ich nicht gekauft. Ich fand später über eine private Annonce eine Stute, die mich durch ihre Ausstrahlung sofort faszinierte. Sie war und ist eine Persönlichkeit, der ich mit Respekt begegne, weil ich sie liebe, und die sich in vielen Jahren bei ihrem Vorbesitzer zu dem entwickelte, was sie heute ist. Welche Liebe, Zärtlichkeit und Umgang dazu nötig waren, brauche ich hier nicht weiter zu erwähnen. Intelligenz, Sensibilität, Lernvermögen und Charakter werden nach der Geburt erst mehr oder weniger erschöpfend durch den Umgang ausgebildet.

Bestimmte Reiter bevorzugen bestimmte Pferde. Sympathie und Antipathie ist oft entscheidend, und man kann vom Besitzer (vorausgesetzt er ist Halter und Reiter in einer Person) manchmal auf das Pferd schließen und umgekehrt. Je kleiner die Gestüte werden, je eher es größere Familienbetriebe sind, desto mehr Passion und Liebe zum einzelnen Pferd ist spürbar. Bei zehn bis zwanzig Pferden herrscht eben ein anderer Überblick als bei 120, und eine individuelle Betreuung wird möglich.

In einer Domäne, die neben Bullenmast und Milchviehhaltung über ca. zehn Mutterstuten mit entsprechender Nachzucht und mehrere Deckhengste verfügt, erlebte ich anläßlich der Suche nach einem Beschäler für eine Stute folgendes: In hellen Ställen, einfachen Boxen mit brusthoher Stangenunterteilung standen menschenfreundliche, ausgeglichene Mutterstuten.

Kontakt von Pferd zu Pferd war möglich, man sah viel vom Pferd ohne das obligatorische Gefängnisgitter. Die Fohlen konnten unter den Stangen herlaufen und ihre Spielkameraden in den Nachbarboxen bei friedlichen Tanten, Großmüttern und Halbschwestern abholen und durch die geöffnete Stalltüre mit ihnen auf den Innenhof gelangen. Dort rannten sie in Richtung Herrenhaus, wo sie oft von einem Familienmitglied liebkost werden und Leckerbissen (Brot, Äpfel) erhalten.

Die Mutterstuten machten den Eindruck, als würden sie es begrüßen, wenn ihre schon im Februar – März geborenen »Plagen« sie mal in Ruhe lassen. Sie haben die Erfahrung gemacht, daß die Fohlen wiederkommen, und wiehern daher nicht ängstlich hinter ihnen her. Diese Regelung verschafft den Fohlen ausreichende Bewegung vor Beginn der Weideperiode.

Im übrigen kommen die Pferde im Sommer Tag und Nacht, im Winter stundenweise auf Koppeln bzw. in Ausläufe und sind entsprechend abgehärtet. Krankheiten treten so gut wie nie auf, die Fruchtbarkeit liegt bei 95%.

Als ich mit dem Herrn des Hauses durch die Stallungen ging, wurde die enge Beziehung zu den Pferden deutlich. Jedes wurde geklopft, erhielt ein freundliches Wort, manchmal fiel eine erzieherische Bemerkung, und alle blickten ihn interessiert und freundlich an. Er nannte Namen und Abstammung, stellte Verwandtschaftsbeziehungen her und verglich die Nachkommen miteinander. Dies hat er bestimmt schon mehr als hundertmal gemacht, aber auch bei meinem Besuch war er voller Engagement.

Die gesamte Haltung ist pferdegerecht, wobei die artgemäße Haltung mit einfachsten Mitteln mich viel mehr beeindruckte als später besuchte Musterstallungen, deren Perfektion mich frieren ließ. Rundum geschlossene Käfige, helle Fensterreihen, hochangelegt, damit nur kein Pferd hinausgucken kann, sind für die darin eingesperrten Pferde frustrierend. Die der Stallgasse zugewendeten Seiten der Boxen sind fast überall vergittert, damit die Pferde bloß nicht mit halboffenem Maul kauend einige Heuhalme auf die steril gekehrte Stallgasse fallen lassen können.

Aber wie soll man von Architekten, die Schulen von der Attraktivität eines Gefängnisses und Satellitenstädte konzipieren, verlangen, in der Stallbautechnik revolutionäre, weil artgemäße Anlagen zu errichten, die den natürlichen Bedürfnissen des Pferdes entsprechen.

Laufställe sollten in einer modernen Pferdezuchtanlage genauso vorhanden sein, wie geräumige Boxen ohne allzuviel Gitter drumherum. Nebenstehend ein Grundriß von einem Vollblutarabergestüt, dessen Konzeption mir gut gefiel. Laufställe für die Mutterstuten sind aufgrund des Gefahrenrisikos durch unverträgliche Stuten etwas riskant und bei den frühen Geburten im März eine ungünstige Lösung. Sie bleiben daher den Fohlen in Zweier- bis Sechser-Gruppen vorbehalten. Die Gruppen sollen nicht zu groß sein, weil sonst innerhalb der Rangordnung eine zu große Abstufung auftritt, so daß die schwächsten sich schlecht entwickeln, weil sie immer wieder vom Futter verdrängt werden.

In anschließenden Paddocks haben Geschlechts- und Jahrgangsgenossen während des Tages freien Ein- und Aus-

tritt (Winter), während im Sommer Koppelhaltung vorherrscht. Die Stuten stehen in großen Einzelboxen (4 × 4/4 × 5), die zur Stallgasse hin nur 1,30 m hochgezogen sind und darüber Kontakt zum Boxennachbarn erlauben.

Die Mittelwände sind vergittert, um sehr junge Fohlen vor Aggressionen der danebenstehenden Stute zu schützen. Sie sind schwenkbar, um eine Entmistung mit dem Frontlader durchführen zu können. Durch halbhohe Türen können die Stuten zur Südseite zum Paddock hinausgucken und diesen tagsüber nach freier Wahl auch aufsuchen. Der Zuchthengst steht mit im Stutenstall und meldet nicht nur zuverlässig jede Rosse, sondern stimuliert die Stuten, allein durch seine Anwesenheit, deutlich abzurossen.

Entsprechendes Engagement von seiten der Gestütsleitung, die sich intensiv um die Pferde kümmert, kranke Tiere und fohlende Stuten besonders betreut, zahlt sich in diesem substanzvollen Gestüt aus, wo nicht um 17.00 Uhr der Hammer fällt und die nachts geborenen Fohlen eine geringere Überlebenschance haben, weil der Feierabend Vorrang hat.

Je wertvoller die Pferde sind, desto größer sind im Laufe der Zeit die Vorsichtsmaßnahmen, die die Gestütsleitung anordnet, um keine Verluste zu erleiden. Damit ist leider auch eine Entfernung von natürlichen Voraussetzungen und artgemäßer Haltung zur zusätzlichen Belastung des Personals verbunden. Letzten Endes schneidet sich manches Gestüt damit in seiner Produktivität ins eigene Fleisch.

Traditionelle Stallhaltung mit Auslauf nach modernen Gesichtspunkten und Erkenntnissen für ca. 28 Pferde

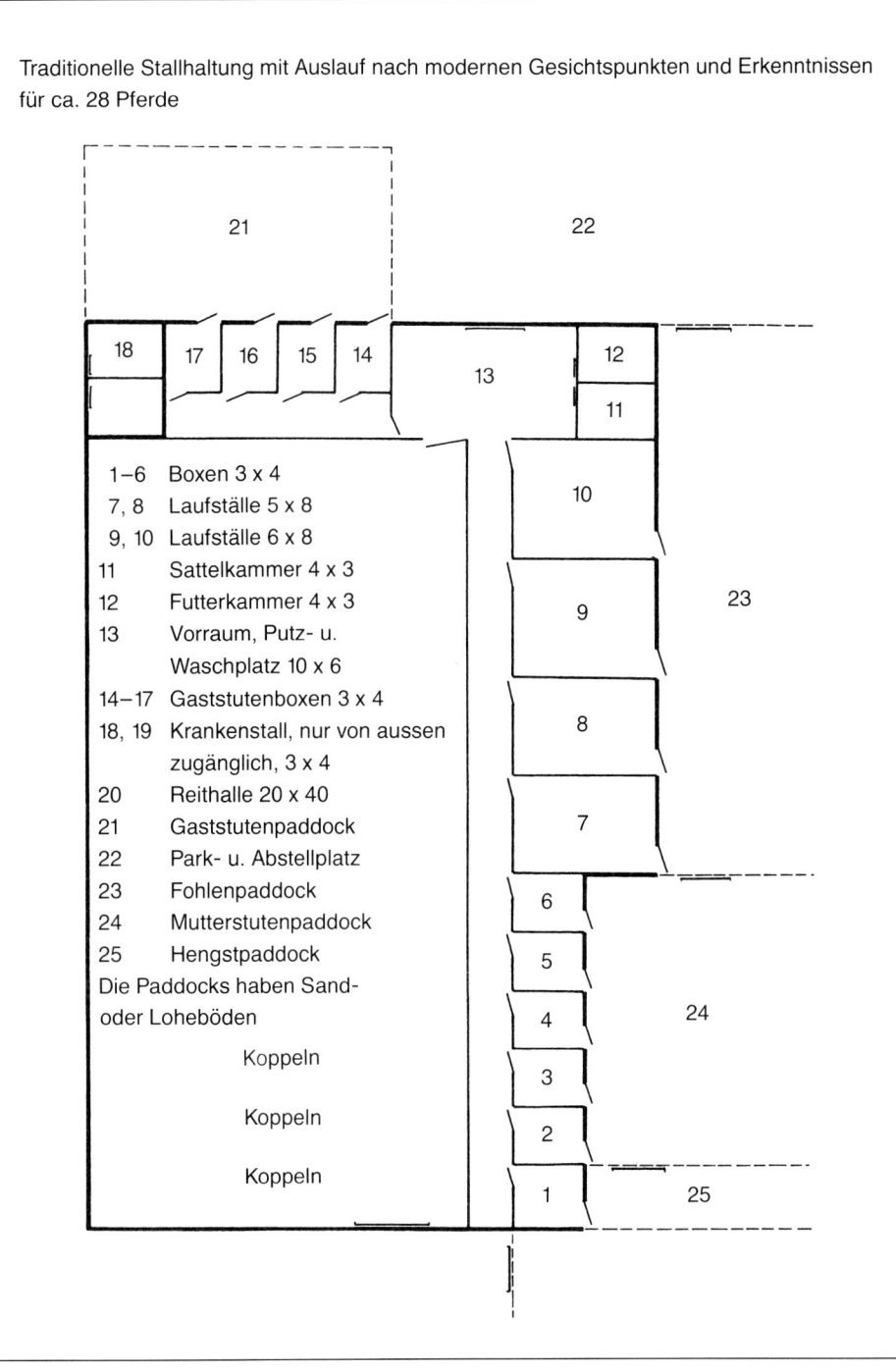

1–6	Boxen 3 x 4
7, 8	Laufställe 5 x 8
9, 10	Laufställe 6 x 8
11	Sattelkammer 4 x 3
12	Futterkammer 4 x 3
13	Vorraum, Putz- u. Waschplatz 10 x 6
14–17	Gaststutenboxen 3 x 4
18, 19	Krankenstall, nur von aussen zugänglich, 3 x 4
20	Reithalle 20 x 40
21	Gaststutenpaddock
22	Park- u. Abstellplatz
23	Fohlenpaddock
24	Mutterstutenpaddock
25	Hengstpaddock

Die Paddocks haben Sand- oder Loheböden

Koppeln

Koppeln

Koppeln

Der bäuerliche Züchter

Er züchtet, weil es schon immer Pferde auf dem Hof gegeben hat, weil er sich mit den Tieren verbunden fühlt, weil die Pferde die Geilstellen der Rinder gut nachweiden können. Bisweilen stellen seine heranwachsenden Kinder die Nachzucht auf Turnieren und Schauen vor, um bessere Verkaufspreise zu erzielen oder einfach aus Freude am Reitsport. Die Nachzucht finden wir in großen Laufställen in der Scheune, die Mutterstute im wärmeren Stall, sogar neben den Kühen, oft angebunden.

Im Winter ist der Auslauf begrenzt, da die Weiden sonst zertreten werden und keine Mittel oder Interesse für die Anlage eines Sandpaddocks vorhanden sind. Die Erwachsenen haben wenig Zeit, um sich sinnvoll mit den Fohlen zu beschäftigen, und daher ist das erste Ausschneiden der Hufe oft ein Kampf, der lange, manchmal zu lange hinausgeschoben wird. Es hapert daher bisweilen an der Hufpflege, an der Bewegung und der Ausgewogenheit der Fütterung (einseitig Heu – Hafer). Trotzdem sind die Pferde im allgemeinen von gutem Charakter, scheuen selten und sind an allerlei Viehzeug gewöhnt. Sie haben beständigen Umgang mit der gleichen Person und lassen sich dank dieses Vertrauensverhältnisses ziemlich leicht einreiten.

Insgesamt erweist sich die Tradition beim bäuerlichen Züchter meistens jedoch als ein Hemmschuh für neue Erkenntnisse. So sind angebundene Zuchtstuten oft eine Selbstverständlichkeit. Ein Landwirt mit acht Pferden entgegnete mir auf die Bitte, seine Stute doch in einer Box abfohlen zu lassen, mit der stereotypen Bemerkung: Das haben wir schon immer so gemacht, und es kann ja auch gar nichts passieren, denn die Stute wiehert, wenn das Fohlen kommt, so daß wir ihr dann helfen können. Als die Zeit kam, erhängte sich die Stute in den Wehen an der Kette, die statt eines Halfters um ihren Hals lag. Ihr Fohlen steckte mit den Hinterbeinen noch in den Geburtswegen und war in seiner Eihaut erstickt. Dieser Mann hat aus seinem selbstverschuldeten Verlust nichts gelernt. Seine Stuten fohlen immer noch angebunden mehr oder weniger erfolgreich ab und kommen erst dann mit ihren Fohlen in eine saubere Box. Hoffentlich handelt es sich bei diesem Fall um eine Ausnahme.

Viel erfreulicher ist dagegen die Haltung bei einem bedeutenden Haflingerzüchter im mittelhessischen Raum. Dort präsentieren sich Zuchtstuten und Fohlen in bester Kondition durch täglichen Weidegang und Auslauf, Sommer wie Winter. Die Prämierungserfolge mit seinen planmäßig gefütterten und durch die Bewegung gängigen Pferden sprechen für sich. Der Ausspruch: »Bei uns haben's die Gäule besser als die Leut«, trifft den Kern. Dem ist nichts mehr hinzuzufügen. Wenn man aber trotzdem die vielen, vom bäuerlichen Züchter aufgezogenen Dreijährigen und Älteren betrachtet, so wird häufig vernachlässigte Hufpflege, ungepflegtes äußeres Erscheinungsbild, Spuren nicht genügend behandelter Verletzungen (Stacheldraht, Überbeine) und mangelnde Sensibilität im Umgang festgestellt. Ein schlechter Verkaufserlös macht aber oft lernfähig.

Diese Mißstände kommen leider vor, erfreuliche Ausnahmen aber ebenfalls. Die Ursache hierfür ist darin zu suchen, daß das Pferd noch vor zehn bis zwanzig Jahren aktiv in der Landwirtschaft eingesetzt wurde. Deshalb hat man sich damals ganz anders darum gekümmert, denn es ging um dringend benötigte Arbeitskräfte. Nach der Umstellung zum

48

Deutschen Reitpferd veränderten sich die Tiere in Temperament, Charakter, Futteransprüchen und Empfindlichkeit. Die Zeit, für die Pferde bei den meisten Landwirten ohnehin knapp bemessen, nimmt weiter ab. Die ältere Generation mit Pferdeverstand stirbt nach und nach weg. Immer mehr bilden sich einzelne moderne Zucht- und Aufzuchtbetriebe heraus, die optimale Bedingungen vorweisen können und die Pferde dreijährig auch noch ausbilden können.

Diesen Pferdezüchtern stehen diejenigen gegenüber, die eine Stute halten, von der sie jedes Jahr ein Fohlen ziehen, um es gut zu verkaufen. Die Zeiten dafür sind aber vorläufig vorbei. Der Züchter bleibt auf Durchschnittsfohlen sitzen und kann sie frühestens dreijährig, möglichst angeritten, verkaufen. Wenn aber die Aufzuchtbedingungen alles andere als ideal sind, werden die dann volljährigen Pferde keineswegs Spitzenpreise erzielen.

Ähnlich ist das Bild bei einem Landwirt, der, schon weit über die Siebzig, ehemals mit einer Haflingerstute und staatlichen Warmblutbeschälern gezüchtet hat, die Nachkommen, es waren meistens Stutfohlen, aufzog und alle anspannt. Aus Gefälligkeit ackert er heute noch mit all seinen Pferden, meistens im Vier- bis Sechsspänner, für andere Leute. Die ganze Familie schimpft über die Tiere, aber sie sind sein Lebensinhalt. Und wenn im Frühjahr eine Stute roßt, fährt er frühmorgens um 5.00 Uhr aufs Feld und geht mit der willigen Dame zu Fuß 20 km zur Deckstelle, läßt einmal decken, fährt wieder zurück und hat ein beneidenswertes Abfohlergebnis von unglaublichen 100 %. Durch diesen Fußmarsch ist die Stute gut durchblutet gewesen (das soll aber nicht heißen, daß man nur 20 km mit einer Stute laufen muß, um sie 100%ig tragend zu bekommen).

Im darauffolgenden Jahr wundert sich die Familie, woher schon wieder Nachwuchs kommt, aber dann ist es, wie schon viele Male, zu spät. Vom Züchterischen her gesehen taugen die Stuten nicht viel, die Nachzucht bleibt unter 1,58 m. Absatzschwierigkeiten bestehen aber nicht, weil alles behalten wird.

Alle Pferde sind in hervorragendem Zustand und gehorchen buchstäblich aufs Wort. Mit dem Besitzer stand ich in der einen Ecke des Hofes und er ließ auf 15 m Entfernung den Viererzug nur auf Zuruf einen zweiachsigen Wagen rückwärts um die Miste schieben, indem er jedes Pferd einzeln zum Vor-, Seitwärts- oder Zurücktreten aufrief. Wer das nicht gesehen hat, kann es nicht glauben.

An dieser Stelle erfolgt keine scharfe Trennung mehr zum nachfolgend beschriebenen Hobbyzüchter.

Der Hobbyzüchter

Er ist gegenüber den beiden vorher genannten in keine Gesellschaftsschicht einzureihen und am schwersten zu charakterisieren. Bei ihm ist das theoretische Interesse und das Bemühen, das zunächst Unbekannte richtig zu machen, groß. Je nachdem, an welche Literatur und Einstellung von beratenden Züchtern er kommt, wird er sich entwickeln. Es wechseln sich Offenstallhaltung mit fast vollkommen natürlichen Bedingungen für robuste Pferderassen, Meilensteine in der pferdegerechten Haltung, mit weniger erfreulichen Verschlägen ab, die Bandbreite dazwischen ist nicht zu vergessen.

Es geht um Pferdehaltung zur eigenen Freude. Streben nach Gewinn und Prestige sind selten, die Mehrzahl hält ihre Pferde preiswert und versorgt sie selbst. Dadurch ist ein guter Kontakt zwischen

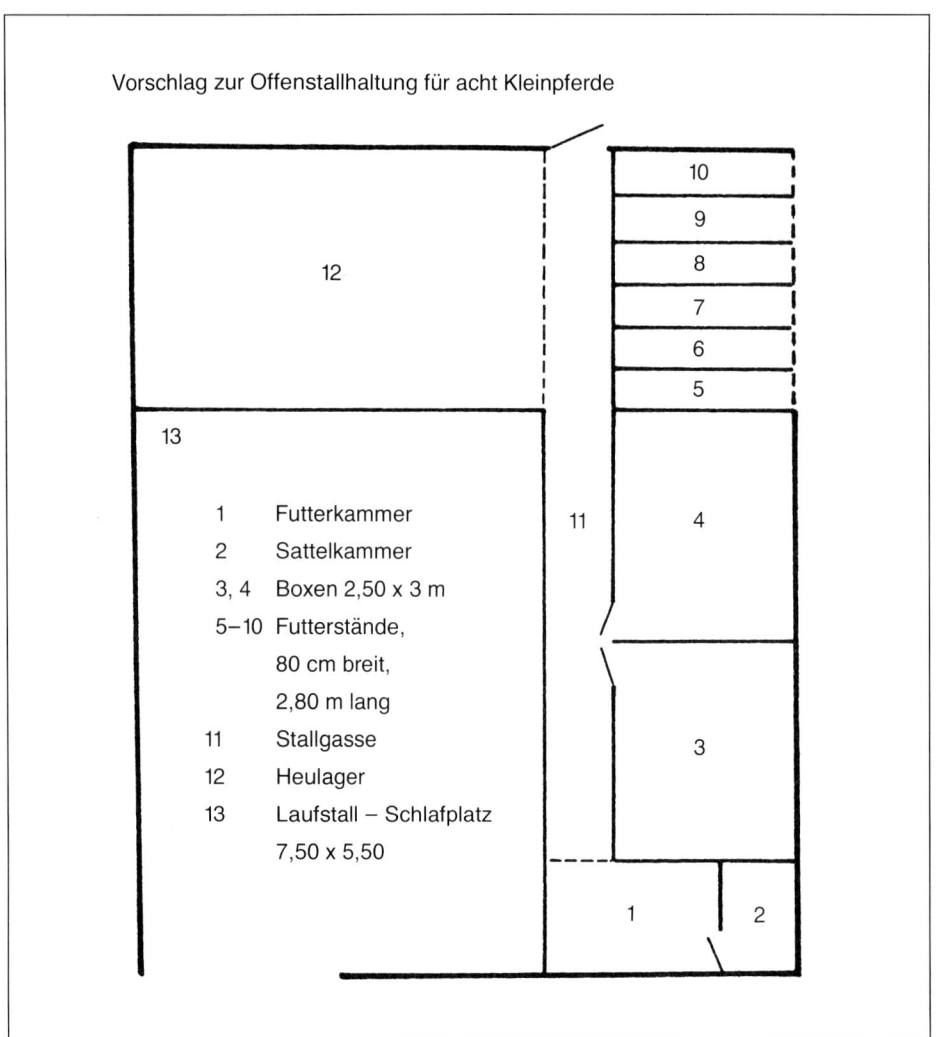

Vorschlag zur Offenstallhaltung für acht Kleinpferde

10
9
8
7
6
5

12

13

1	Futterkammer
2	Sattelkammer
3, 4	Boxen 2,50 x 3 m
5–10	Futterstände,
	80 cm breit,
	2,80 m lang
11	Stallgasse
12	Heulager
13	Laufstall – Schlafplatz
	7,50 x 5,50

11   4

3

1   2

Tier und Mensch gewährleistet. Man zieht mal ein oder mehrere Fohlen zur eigenen Verwendung, was sich insofern oft als problematisch erweist, als die Zeit bis zum ersten »Sich-draufsetzen-können« nicht immer bis zum vollendeten dritten Lebensjahr, bei Isländern bis zum fünften abgewartet wird. Eine kleine Spitze strebt echte Zuchterfolge an, die meisten vermehren.

Durch sinnvolle Beratung der Zuchtverbände halten sich die Fehlproduktionen in Grenzen. Die Anzahl der mit Liebe aufgezogenen Pferde ist groß, Qualität und Zuneigung stehen nicht in Abhängigkeit zueinander. Durch die oft praktizierte Halboffenstall- oder Offenstallhaltung, bei der die Pferde zwar Zugang zu einer trokkenen, zugfreien Hütte mit breitem Eingang haben, ansonsten aber frei auf die

Weide hinausgehen können, wird diese Haltung dem natürlichen Bewegungsbedürfnis der Pferde viel eher gerecht und unterstützt somit die Gesundheit und das Wohlbefinden (siehe Abb. S. 50). Daher möchte ich in den folgenden Kapiteln auf die natürlichen Bedürfnisse des Pferdes eingehen.

Die Wahl des Hengstes – Privathengst oder Landbeschäler

Beginnen wir mit den einfachsten, in diesem Fall mit den Ponystuten der verschiedenen Rassen, die sich generell einen passenden Privathengst suchen lassen müssen, weil die Landgestüte so gut wie keine entsprechenden Beschäler haben. Anhand des Hengstregisters der verschiedenen Ponyverbände zieht man einige Hengste in die engere Wahl, sieht sie an, beobachtet ihren Erfolg auf Ponyschauen und trifft dann evtl. in Absprache mit dem Zuchtverband seine Entscheidung.

Bei den Warmblutpferden der Landespferdezucht und den Spezialzuchten wird das Eisen heiß. Die Landgestüte haben von jeher einen entscheidenden Einfluß auf die Landespferdezucht ausgeübt. Sie hatten die Aufgabe, Beschäler für die Zucht von Arbeits- und Armeepferden bereitzustellen. Dabei lag der Anspruch zwangsläufig auf Quantität. Diese Auffassung scheint sich in dem einen oder anderen Landgestüt bis heute gehalten zu haben. Solange ein Landgestüt jede daherkommende Stute von seinen mehr oder weniger qualitätsvollen Hengsten decken läßt, bewegt sich der Zuchtfortschritt naturgemäß im Schneckentempo.

Stattdessen wäre es vorteilhafter, die Hengste zu selektieren, um einige Spitzenhengste zu bereichern und bei der Auswahl der Mutterstuten den gleichen strengen Maßstab anzulegen. Unbenommen bleibt dabei für den Stutenbesitzer, der sozusagen für den Selbstgebrauch einmal aus seiner Stute ein Fohlen ziehen will, an dem die ganze Familie ihre Freude haben soll, zu einem Hengst zu gehen, der ihm aus irgendwelchen Gründen gefällt. Er darf dann allerdings keine Qualitätsansprüche an das Fohlen stellen, die sich bei strenger vorheriger Überlegung eventuell als nicht erfüllbar herausgestellt hätten. Kommt es dann noch möglicherweise zu einem Verkauf des ein-, zwei- oder dreijährigen Pferdes und der geforderte Preis wird aufgrund mangelnder Qualität nicht erreicht, so darf der Jammer auch nicht groß sein. Bei genügender Ehrlichkeit sich selbst und dem Pferd gegenüber wäre sicherlich eine Nichtdeckung und der Ankauf eines qualitätsvollen Absatzfohlens besser gewesen. Züchterische Spitze wird selten über die Paarung von Durchschnittspferden gewonnen.

Privathengste sind in der Decktaxe zum Teil beträchtlich teuer und garantieren bei mittelmäßigen Stuten keineswegs beste Qualität. Eine direkte Relation zwischen Fohlenqualität und Decktaxe gibt es also nicht. Nun haben manche Züchter der Landeszucht moralische Bedenken, einen Privathengsthalter aufzusuchen und fürchten Sanktionen auf Prämierungen und bei der Meldung für Auktionen. Möglicherweise ist das nicht ganz unberechtigt. Spezialpferdezüchter (Trakehner, Araber, Vollblüter) gehen den umgekehrten Weg und machen einen Bogen um Landgestüte, weil sie ähnliche Befürchtungen von seiten ihres Verbandes haben und Fohlen von Hengsten mit ho-

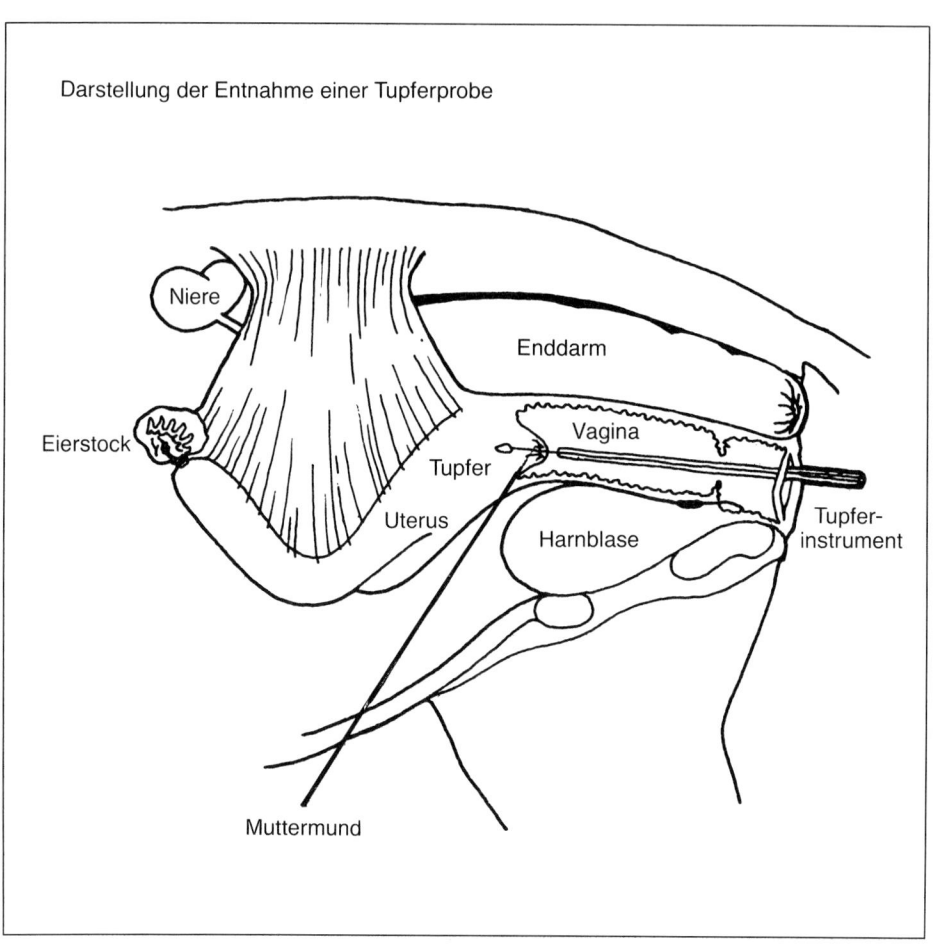

Darstellung der Entnahme einer Tupferprobe

Niere

Enddarm

Eierstock

Vagina

Tupfer

Uterus

Harnblase

Tupfer-
instrument

Muttermund

her Decktaxe und Publicity eher verkäuf-
lich sind.

Ihre Nachzucht ist auch meistens besser,
weil die angepaarte Stutenbasis quali
tätsvoller ist, vorausgesetzt, die Kombination paßte. Schlechte Stuten werden
von Privathengsthaltern eher abgelehnt
als vom Landgestüt, weil ein unterdurch-
schnittliches Fohlen dem Image des
Hengstes schaden kann. Viele Privathengste stellen ihr Leistungsvermögen
unter Beweis, und einige bringen es bis
zu olympischen Ehren. Diese Hengste
sind aufgrund ihres Erfolges begehrte Va-

tertiere. Abgesehen von der Qualität kann
ein Privatbeschäler optimaler herausge-
bracht werden als ein Landbeschäler, der
im Reit und Fahruntorricht z. T. unter An-
fängern eingesetzt wird. Fohlen eines bekannten, guten, erfolgreichen Hengstes
sind aber auf jeden Fall besser zu verkaufen als die Nachkommen von Hengsten,
deren Namen kaum jemand kennt.

Ein weiterer Punkt, der den Landgestüten
angelastet wird, ist die Befruchtungsquote von weniger als 60% gegenüber Privat-
beschälern mit 80 bis 100%. Die Ursache
ist in den höheren Auflagen der Privat-

gestüte zu suchen, die die Tupferprobe seit Jahren verlangen und Untersuchungen durch spezialisierte Tierärzte vornehmen lassen. Problemstuten werden entsprechend behandelt, gegebenenfalls künstlich besamt.

Auch die Junghengste werden schonender eingesetzt und absolvieren die Leistungsprüfung im Anschluß an ihre erste Decksaison mit größerem Erfolg. Für den Landbeschäler gilt es, so viele Stuten wie möglich zu decken, damit die Kasse trotz der niedrigen Decktaxe stimmt.

Ansteckungen kommen trotz Tupferprobe vor, und einer Überproduktion an schlechten Fohlen aus Unterdurchschnittsstuten wird kein Einhalt geboten, denn die Einnahmen müssen erfolgen, wenn die Hengste nicht reduziert werden sollen. Reduzieren bringt arbeitslose Gestütswärter und ein geringeres Reitschulpferdeangebot im Winter mit sich.

Mancher Züchter hat nicht immer den entsprechenden Überblick über die Marktlage. Er merkt es erst, wenn es zu spät ist, wenn er seine Fohlen nicht mehr verkaufen kann, weil sie den Käuferwünschen nicht mehr entsprechen. Diese Erfahrung ist unnötig. Hier sollten Gestüts-

wärter entsprechend eingreifen können, indem sie von der Bedeckung aus gegebenen Gründen abraten. Aber sie tun es leider nicht immer.

Bei einem Besuch auf einer staatlichen Deckstelle wurde eine Norweger-Haflingerstute ohne Papiere von einem kleinen Hannoveranerhengst gedeckt. Ich meldete meine Bedenken an und sprach von Verantwortung gegenüber dem gezeugten Fohlen. Wir seien doch in einer Demokratie, da dürfe jeder machen, was er wolle, und ich solle doch, wenn es mir hier nicht paßt, nach »drüben« gehen, lautete die ungemein bereichernde Antwort. Trotzdem soll hier nicht über einen Kamm geschoren werden. Jeder Züchter sollte die Beratung durch seinen Verband und das jeweilige Landgestüt nutzen. Der Landstallmeister und die Gestütswärter wissen aus Erfahrung, wie die einzelnen Hengste vererben und welche Paarung passen könnte, da es in dieser Hinsicht aber schon manchen Reinfall gegeben hat, rate ich jedem, sich so umfassend wie möglich zu informieren, Trainingsergebnisse der Hengstleistungsprüfungen zu studieren und die Nachzucht zu betrachten.

Fortpflanzung – Trächtigkeit – Geburt

Fortpflanzung – Paarungsverhalten

In den folgenden Kapiteln werden Paarungsverhalten, Trächtigkeit und Geburt beim Pferd mit Hilfe von Fotografien und Zeichnungen erläutert. Dieses Gebiet wird nicht nur anatomisch-mechanisch abgehandelt, sondern es wird versucht, Bezüge zwischen Hauspferden und wildlebenden Pferden herzustellen und ihre spezifischen Verhaltensweisen zu erklären. Es geht hier nicht nur um das »Wie«, sondern vor allem um das »Warum«.

Da beim Pferd der Genitalapparat aus nahezu den gleichen Teilen besteht wie beim Menschen, die auch fast identisch benannt werden, tauchen wohl meist bekannte Begriffe auf. Im weiteren wird hier Sexualität und Sexualverhalten nicht auf rein mechanische Vorgänge reduziert, da dies sicherlich dem vorbereitenden Paarungsverhalten nicht gerecht wird.

Erfahrene ältere Stuten scheinen inzwischen so weit degeneriert zu sein, daß sie sich problemlos den aus der Box heraus tobenden Hengst, der sofort aufspringt, gefallen lassen. Bei Maidenstuten zeigt sich doch noch bisweilen ein anderes Bild.

Selbst wenn sie gut rossen, wehren sich viele gegen eine Bedeckung ohne vorbereitendes »Flirten« des Hengstes – ihnen ist ein mit herrischem Gewieher auf sie springender Kerl nicht geheuer. Um dem entgegenzuwirken, spielt der Hengst in der freilebenden Herde mit seinen Töchtern und nimmt ihnen die Angst. Wenn die Jungstuten zwei- bis dreijährig gut rossen, werden sie inzwischen von anderen Junghengsten aus dem Verband geraubt, ohne Probleme gedeckt – entsprechendes Vorspiel eingeschlossen.

Über diese Vorgänge sollte man sich bei der Bedeckung der Maidenstuten und bei gut rossenden, aber abweisenden Stuten im klaren sein. Der Sexualtrieb ist bei fast jedem geschlechtsreifen Pferd intakt, aber der Mensch greift viel zu viel ein und stört damit entweder den natürlichen Ablauf oder verändert ihn sogar (Herbeiführung der Rosse durch Spritzen, Verlängerung der Lichtdauer u. a.) und wundert sich, daß Probleme entstehen.

Daher zunächst einige Erläuterungen zum Aufbau der Geschlechtsorgane von Hengst und Stute, um von der Anatomie her die Wirkung des zu schnellen Deckens aufzuzeigen.

Die Geschlechtsorgane des Hengstes

Die äußeren, gut sichtbaren Geschlechtsorgane sind beim Hengst der Penis, auch Rute oder Schlauch genannt, und die beiden eiförmigen Hoden. Der Penis ist etwa 100 cm lang, der bei der Erektion (Gliedversteifung) herausragende Teil beträgt ca. 30 bis 50 cm. Er wird durch eine innere und äußere Vorhaut geschützt. Bei der Ejakulation (Samenerguß) hat die Eichel einen Durchmesser von zehn bis zwanzig Zentimeter. Sie saugt sich durch den in der Scheide vorhandenen Unterdruck, der durch das Nachstoßen des Hengstes entsteht, am Muttermund fest. Gleitet der Hengst zu früh von der Stute, ist die pilzartig vorgestülpte Eichel, die sich über den Muttermund stülpt, zu sehen.

Die beiden eiförmigen Hoden liegen parallel zur Wirbelsäule im Hodensack. Der Hoden eines ausgewachsenen Hengstes wiegt im Durchschnitt 200 bis 300 Gramm, ist zehn bis zwölf Zentimeter lang, drei bis vier Zentimeter dick und sechs bis sieben Zentimeter hoch. Der linke Hoden ist meist schwerer als der rechte und liegt auch etwas tiefer, um Quetschmöglichkeiten zwischen den Oberschenkeln zu vermeiden. Die Hoden liegen relativ ungeschützt außerhalb der Körperhöhle, weil die Spermien eine niedrigere Temperatur brauchen als Körperwärme von 37 bis 38° C, um nicht abzusterben. Bei großer Kälte kann der Hengst die Hoden zum Schutz zeitweilig zum Aufwärmen in die Bauchhöhle zurückziehen.

Ein Amtstierarzt prüft in Deutschland vor der Körung, ob beide Hoden des Hengstes greifbar sind und nicht etwa einer in der Bauchhöhle festsitzt. Einhodigkeit oder Kryptorchismus vererbt sich und führt bei der Kastration zu Schwierigkeiten. Außerdem führt sie zu sexuellen Spannungen und hormonellen Störungen, so daß solche Spitz- oder Klopphengste im Umgang schwieriger sind und in besonderen Fällen sogar bösartig werden können. Wenn kein Hoden absteigt, beide also in der Bauchhöhle verbleiben, ist der Hengst mit Sicherheit unfruchtbar, weil die Spermien die hohe Körperwärme nicht vertragen können.

Die Hoden sind von einer großen Anzahl vielfach gewundener Samenkanälchen durchzogen, in denen die Spermien gebildet werden. Die aus den Hoden herausführenden zehn bis zwanzig Kanälchen vereinigen sich im Nebenhodenkopf, aus dem ein einziger geschlängelter Kanal (Nebenhodenkörper) über die Oberfläche des Hodens hinweg zum anderen Ende führt und dort in den Hodenschwanz übergeht.

Der Nebenhodenschwanz ist wichtig für die Spermareifung. Die Sekrete der Bläschen- und Vorsteherdrüse (Prostata) verdünnen die Samenmasse und machen die Spermien beweglicher. Durch den Samenleiter gelangt die verdünnte Spermienmasse in die Harn-Samenröhre und wird beim Samenerguß in die Gebärmutter der Stute geschleudert. Der Penis des Hengstes ist für eine erfolgreiche Bedeckung fast nie zu klein; die Scheide der Stute kann sich in der Regel weitgehend anpassen.

Gefährlich ist dagegen eine zu große Eichel oder ein zu langer Penis. Durch eine zwischen Penis und Bauchdecke geschobene weiche Rolle kann ein zu tiefes Eindringen des Penis verhindert werden. Eine zu große Eichel kann jedoch zu Verletzungen, unter Umständen sogar zum Verbluten der Stute führen.

Weil die Scheide vor und während der Bedeckung stark durchblutet ist, verliert die verletzte Stute in kurzer Zeit zuviel Blut. Bei evtl. Verletzung hilft nur noch ein Eimer kaltes Wasser, der gegen die Scheide geschüttet wird, damit die Blutgefäße sich zusammenziehen. Außerdem greift man in die Scheide, sucht die blutende Stelle und preßt die Hand oder ein sauberes Tuch darauf, bis der Tierarzt eintrifft, um an Ort und Stelle zu nähen. Bewegung jeglicher Art ist zu vermeiden. Eine mit Sicherheit entstandene Infektion ist aber durch Antibiotika leicht zu bekämpfen.

Ich erwähne diese Maßnahme deshalb so ausführlich, weil sich ein solcher Vorfall, leider mit tödlichem Ausgang, auf einer Deckstelle zugetragen hat. Die Stute blutete, wurde sofort verladen und in eine ca. eine Autostunde entfernte Klinik gefahren, wo sie dann verblutet im Hänger lag. Dieser Vorfall ist vielleicht auch ein weiterer Grund, sich den Geschlechtsorganen der Stute näher zuzuwenden.

Die Geschlechtsorgane der Stute

In den Eierstöcken (Ovarien) der Stute reift in bestimmten Abständen, meist alle 21 Tage, abwechselnd im linken und im rechten Eierstock, je ein befruchtungsfähiges Ei heran.

Die Ovarien der Stute haben eine nieren- oder bohnenförmige Gestalt, sind etwa vier bis acht Zentimeter lang, zwei bis drei Zentimeter breit, etwas weniger dick und wiegen um 40 bis 80 Gramm. In jedem Eierstock der Stute sind mit der Geburt etwa 2000 (!) Eianlagen vorhanden. Zu jeder Rosse reift ein Ei heran und springt während des Eisprungs in den Eileiter, einen 20 bis 30 Zentimeter langen Schlauch, der zur Gebärmutter führt. Innerhalb des Eileiters muß das Ei befruchtet werden, denn es stirbt ab, sobald es den Eileiter nach etwa zehnstündiger Wanderung passiert hat.

Da das Sperma des Hengstes aber ca. 36 Stunden haltbar ist, genügen Bedeckungen im Abstand von eineinhalb Tagen, um sicher zu sein, daß immer zumindest ein paar hundert befruchtungsfähige Spermien im Eileiter verteilt auf den Eisprung warten. Hat während einer Rosse eine erfolgreiche Bedeckung stattgefunden, so wandert das befruchtete Ei in die Gebärmutter, auch Uterus genannt.

Diese liegt flach auf dem Beckenboden und teilt sich in zwei Hörner, ein rechtes und ein linkes, die in leichtem Bogen aufwärts zu den Eierstöcken führen. Die Gebärmutter selbst hat eine Länge von zehn bis fünfzehn Zentimetern und eine Breite bis zu zehn Zentimeter. Die Länge der Hörner liegt bei 25 bis 35 Zentimeter. Das sich entwickelnde Fohlen ragt in eines dieser Hörner hinein. Daraus resultiert möglicherweise die angeborene Schiefe des Pferdes durch seine gebogene Lage im Mutterleib.

Bei einer Zwillingsträchtigkeit, nach neueren Forschungsergebnissen beginnen etwa 30% der Trächtigkeiten mit Zwillingen, von denen aber nur bei 1,5 bis 5% beide ausgetragen werden, hat jeder Zwilling ein Horn für sich, aber der Platz ist doch so begrenzt, daß meistens ein Zwilling während der Trächtigkeit resorbiert wird.

In der Hochrosse und während der Begattung öffnet sich der Muttermund, der die hintere Begrenzung der Gebärmutter darstellt, von selbst. Langes Abprobieren vor der Bedeckung schafft ein günstiges Scheidenmilieu und erleichtert den Spermien das Aufsteigen in die Eileiter.

Während der Rosse ist es auch einfach, die Tupferprobe zu entnehmen. Dabei führt der Tierarzt ein ca. 70 cm langes Kunststoffrohr durch die Scheide in den geöffneten Muttermund ein und schiebt dort einen innerhalb des Kunststoffrohrs an einem Stab befestigten Tupfer in die Gebärmutter ein, tupft gegen die Gebärmutterwand und erhält auf diese Weise einen Abstrich, der Aufschluß über den Keimgehalt des Uterus gibt. Bevor das Rohr aus dem Muttermund entfernt wird, zieht der Tierarzt den Stab mit Tupfer in die Kunststoffumhüllung zurück.

Auf diese Weise wird der Tupfer nicht mit der stärkeren Keimbesiedelung in der

Scheidenregion unnötig verunreinigt, was das Ergebnis zum ungünstigen hin verfälschen würde. Der Tupfer wird an ein entsprechendes Institut (Adresse siehe im Anhang) geschickt, dort wird eine Kultur angesetzt, und der Tierarzt erhält nach einigen Tagen das Ergebnis schriftlich zugesandt.

An den Muttermund, der die untere Begrenzung der Gebärmutter darstellt, schließt sich die Scheide als ein langgestreckter, muskulöser, mit Schleimhaut ausgekleideter Schlauch an. Ihr vorangelagert liegt der Scheidenvorhof, der etwa zwei Fünftel der Scheide einnimmt. Äußerlich erkennbar sind die Scham, die unterhalb des Afters liegt und von zwei eng schließenden Schamlippen (Vulva) gebildet wird. Der Kitzler (Klitoris) wird vom unteren Schamwinkel umgeben.

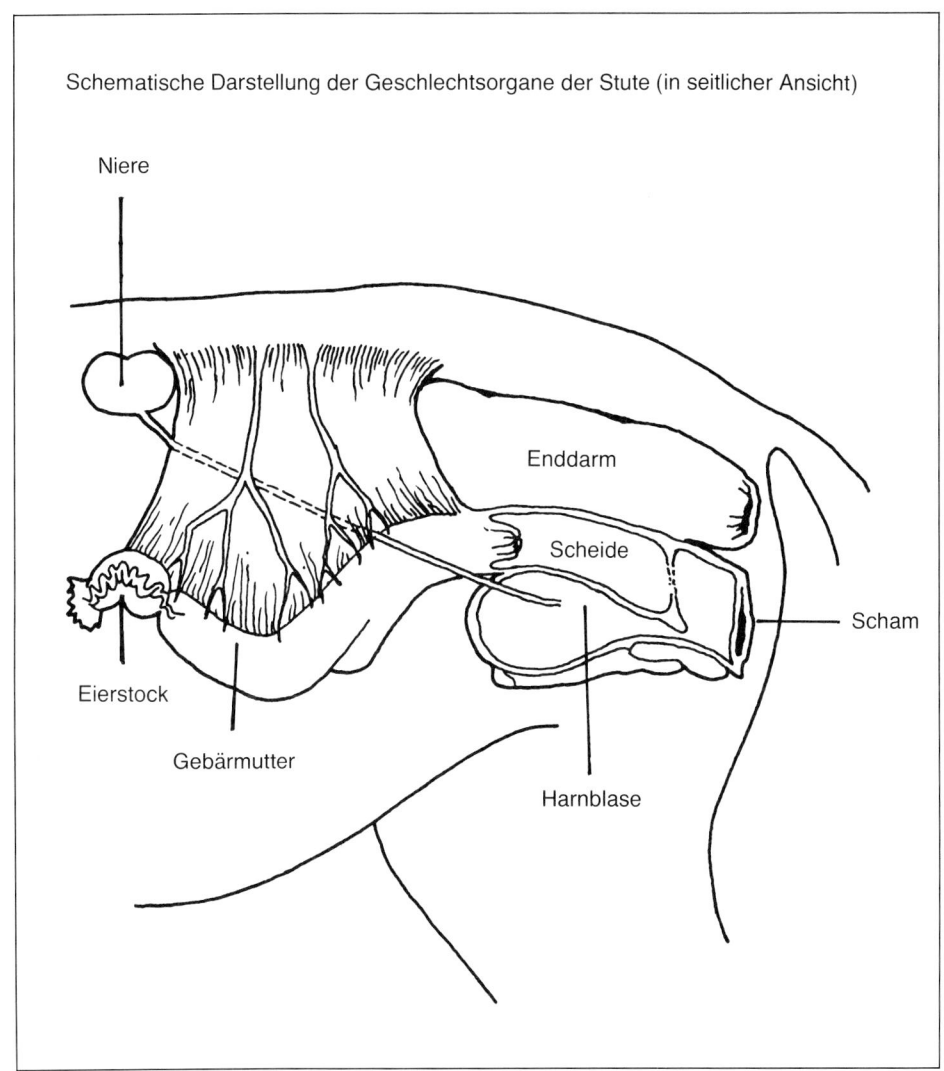

Schematische Darstellung der Geschlechtsorgane der Stute (in seitlicher Ansicht)

Niere

Enddarm

Scheide

Scham

Eierstock

Gebärmutter

Harnblase

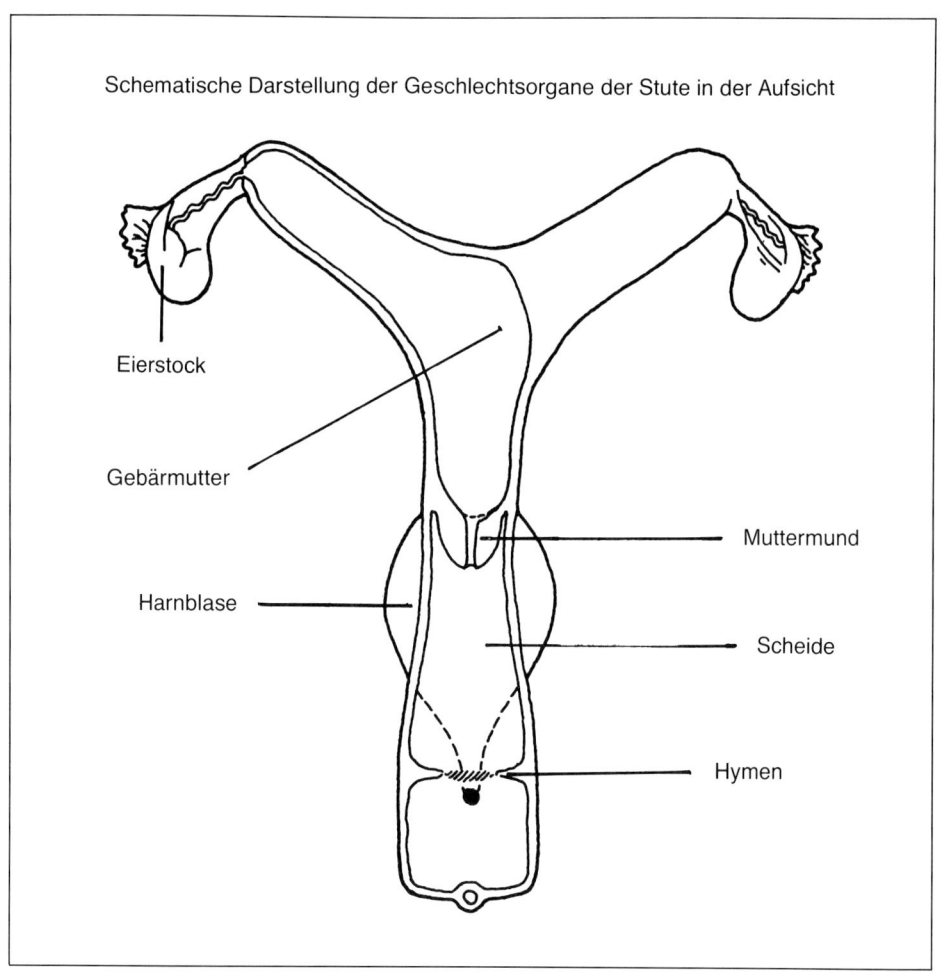

Schematische Darstellung der Geschlechtsorgane der Stute in der Aufsicht

Eierstock

Gebärmutter

Harnblase

Muttermund

Scheide

Hymen

Die Schamlippen sollen eng aneinanderschließen, damit durch den abgesetzten Kot keine unnötigen Bakterien in die Scheide gelangen. Durch Bedeckungen und von außen eindringende Keime durch schlechten Scheidenschluß erhöht sich die Zahl der Bakterien innerhalb der Scheidenregion. Bis zu einem gewissen Quantum wird die Stute durch saure Scheidensäfte alleine damit fertig. Vor einem weiteren Aufsteigen der Keime in die Gebärmutter schützt ein Schleimpfropf vor dem Muttermund.

Gelangen die Bakterien aber dort hindurch, z. B. während der Rosse, wo der Muttermund geöffnet ist, treffen sie noch günstigeren Nährboden, vermehren sich stark und verursachen eine Gebärmutterentzündung und verkleben die dünnen Eileiter. Gewöhnlich ist eine Erkrankung der inneren Geschlechtsorgane an eitrigem Scheidenausfluß und Fieber zu erkennen. Wird sie nicht entsprechend behandelt, kommt es mit hoher Wahrscheinlichkeit zur Unfruchtbarkeit, zu Verfohlungen und lebensschwachen Fohlen (Frühlähme).

Der Zyklus der Stute – die Rosse

Auch die Stute hat, vergleichbar mit den Menschen, einen ganz bestimmten Zyklus mit fruchtbaren und unfruchtbaren Tagen. Sie nimmt aber nur während der sogenannten Rosse, die äußerlich sichtbar und von Verhaltensänderungen begleitet ist, Sexualkontakte auf. Die Intensität ihres Zyklus ist abhängig von Licht- und Sonneneinwirkung, Futterzustand, Klima und Jahreszeit. In den Sommermonaten ist die tägliche Sonnenscheindauer am längsten, und wildlebende Pferde sind aufgrund der üppigen Vegetation im optimalen Futterzustand.

Die hormonabhängige Funktion der Eierstöcke steht in direktem Zusammenhang mit der Länge der täglichen ultravioletten Strahleneinwirkung (Sonne), die in den Sommermonaten am ausgeprägtesten ist. Die meisten Stuten rossen daher auch heute noch (besonders Robustpferde und weniger hochgezüchtete Rassen) erst in den Sommermonaten gut sichtbar ab. Dies ist ein Überbleibsel zur optimalen Sicherung des Fohlenüberlebens, da ein im Januar geborenes Fohlen bei eisiger Kälte und zu wenig Muttermilch der Stute nicht überleben kann.

Durch den oben angeführten Mechanismus werden die Fohlen nach ca. elf Monaten Trächtigkeit in eine warme Jahreszeit (Mai – Juni) hineingeboren, die wiederum günstige Ernährungsbedingungen für die Mutter und damit gleichzeitig für das Kind schafft. Die Milchproduktion nimmt aufgrund von vitamin- und eiweißreichem jungen Grünfutter zu. In diesem Zusammenhang ist auch das Verhalten unserer Stuten zu sehen. Viele tragen immer noch eine Wildpferdeuhr in sich, und nach der ist es einfach unsinnig, im Februar voll rossig zu sein, weil das Fohlen dann im Januar geboren würde.

Beschaut man sich dann die Januar/Februar-Temperaturen des Jahres 1979, als die Züchter selbst in festen Stallungen schwer mit Husten, Lungenentzündung und Durchfall der so früh geborenen Fohlen zu kämpfen hatten, wird der Sinn dieser biologischen Uhr klar. In der modernen Pferdezucht werden aber um des Profits willen frühgeborene Fohlen angestrebt, und da bei Blutpferden das archaische Erbe zum einen nicht mehr so ausgeprägt und zum anderen eher manipulierbar ist, hat man mit Hilfe bekannter Auslösefaktoren versucht, die Rosse künstlich zu stimulieren (Prostaglandin, Solarien).

Aufgrund der Witterungsverhältnisse sind die meisten Züchter gezwungen, frühgeborene Fohlen fast ausschließlich bei der Mutter in der Box aufzuziehen. Manche Gestüte lassen die Fohlen in der Halle umherspringen, aber die staubige Hallenluft ohne Sonnenlicht ist nur ein schlechter Ersatz für die Weide.

Im Außenauslauf toben die Fohlen oft so heftig, daß sie nach kurzer Zeit naß geschwitzt sind und sich erkälten. Isoliert von Spielkameraden in der Box aufgezogen, wird die Mutter tyrannisiert; die Fohlen sind rundum glänzend, aber der Muskelaufbau ist begrenzt, Stellungsfehler korrigieren sich nicht – im Gegenteil, und die inneren Organe entwickeln sich auf Sparflamme. Hier entstehen Schäden, die unter Umständen nicht mehr reparabel sind.

Um keine großen Temperaturunterschiede auftreten zu lassen, ist es günstig, den Zuchtstall kalt zu halten und alle Pferde möglichst täglich, außer bei Regen, hinauszulassen. Dadurch werden die Abwehrkräfte gesteigert, Durchblutung und Wohlbefinden gefördert. Die frühgeborenen Fohlen sind durch einen dichten Pelz geschützt.

Durch täglichen Auslauf werden Herz, Kreislauf und Lunge gekräftigt, die Stellungsgefahr, die z. T. im geringen Platz im Mutterleib ihre Ursache haben, werden behoben, und die Sonne hat auch im Winter genügend Kraft, der Rachitis vorzubeugen.

In der Vollblut- und Warmblutzucht sind aber nun einmal frühgeborene (Januar – März) Fohlen erwünscht. Bei den Vollblütern liegt der Grund in den frühen Rennleistungen der Zweijährigen im Frühjahr. Ein im Januar geborenes Fohlen ist dann schließlich ein halbes Jahr älter als sein im Juni geborener Konkurrent, entsprechend weiter entwickelt und hat damit größere Chancen. Die Trakehnerzüchter gehen sogar so weit, daß ab dem 1. November geborene Fohlen für das folgende Jahr erst gerechnet werden. Das hat beim Warmblutpferd auch einen ganz entscheidenden Einfluß bei Auktionen, wo im April die voll entwickelten Dreijährigen, die eigentlich schon dreieinhalb Jahre alt sind, natürlich fertiger aussehen als ihre zweidreivierteljährigen Jahrgangskameraden.

Wie zuvor betont, liegt diese Schwierigkeit aber darin, daß die Stuten im tiefen Winter schlecht oder zumindest kaum sichtbar rossen und man sich schon einiges einfallen lassen muß, um die Stute tragend zu bekommen. Die Stute hat einen periodisch wiederkehrenden Zyklus von 21 bis 23 Tagen, der sich in eine erste Hauptsaison im Frühjahr und eine weitere im Spätsommer gliedert. In der dazwischenliegenden Zeit ist sie entweder schwächer oder zum Teil im Winter, bei absoluter Stallhaltung und einseitiger vitaminarmer Fütterung, gar nicht ausgeprägt.

Die Rosse zeigt sich am deutlichsten zur Zeit des Haarwechsels im April. Bei Ponyzüchtern und vielen bäuerlichen Züchtern ist es daher üblich, zwischen April und Juni decken zu lassen. Wer keinen eigenen Hengst oder spätkastrierten Wallach zum Abprobieren hat, tut sich schwer, im Winter die Rosse festzustellen.

Neben Hormonpräparaten, auf die ich im folgenden noch zu sprechen komme, gibt es auch natürliche Methoden, um die Stute zur Rosse zu bewegen. Da ist zum einen der Weidegang besonders bei Sonnenschein zu empfehlen. Er wirkt stimulierend und wohltuend auf den gesamten Organismus ein. Außerdem wird dem natürlichen Bewegungsbedürfnis des Pferdes Rechnung getragen. Eine reichhaltige Vitaminversorgung von A und E durch entsprechende Futtermittel (Möhren, Vitaminpellets) täuscht neben einer verlängerten Tageshelligkeit durch künstliche Beleuchtung (je morgens und abends eine bis zwei Stunden mehr Licht) bereits im Januar das fortgeschrittene Frühjahr vor.

Auf hormonellem Weg kann man durch Prostaglandin-Injektion eine Rosse innerhalb von drei bis sechs Tagen bewirken. Das Hormon Prostaglandin sorgt für eine Auflösung des Gelbkörpers im Eierstock, ist aber nur bei einem Progesteronüberschuß im Blut anzuwenden. Der Gelbkörper seinerseits bildet sich nach dem Eisprung an der Stelle, wo sich das gesprungene Ei, der Follikel, befunden hatte. Er verhindert eine Heranreifung von weiteren befruchtungsfähigen Eiern innerhalb eines Zyklus und während der Trächtigkeit.

Prostaglandin ist unter verschiedenen Handelsnamen schon lange Zeit auf dem Markt, wirkt aber noch nicht in jedem Fall zufriedenstellend. Die Stuten werden nach der Injektion zwar zumeist rossig, nehmen aber nicht immer auf. In günstigen Fällen wird der Zyklus durch eine Injektion aber angeregt, und eine nächste

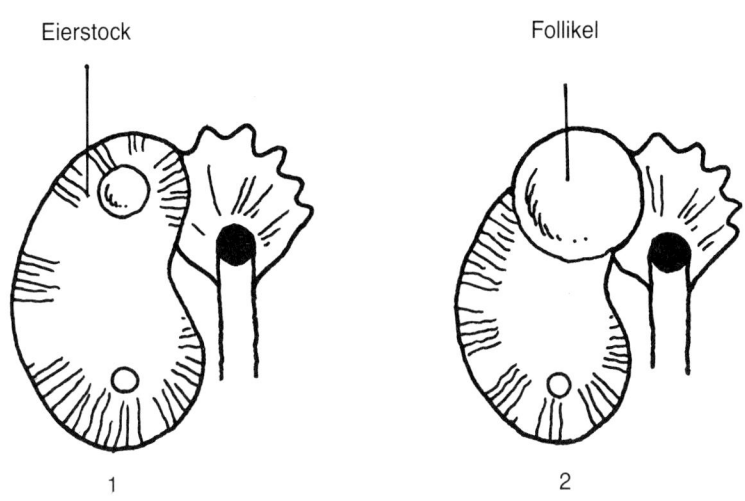

Eierstock

Follikel

1

2

1,2 Follikelentwicklung 3 Eisprung 4 Bildung des Gelbkörpers an der Stelle,
wo sich der Follikel befand

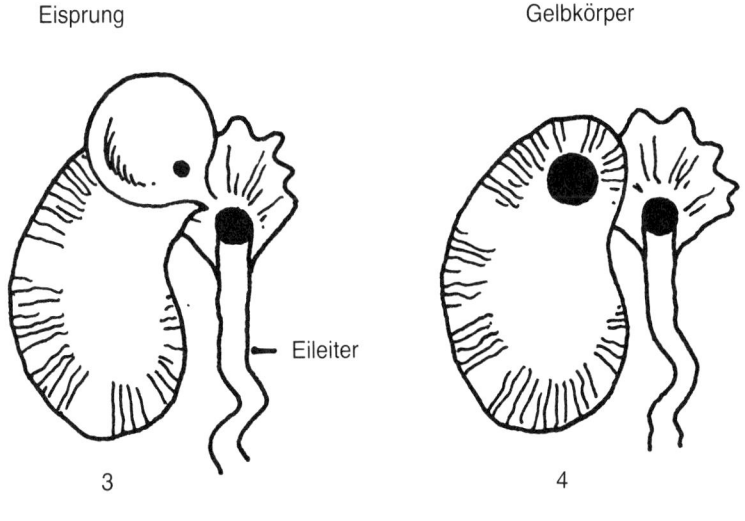

Eisprung

Gelbkörper

Eileiter

3

4

normale Rosse kann erfolgen. Verkrampfung und Aufregung können ebenfalls Hemmechanismen für das normale Zeigen der Rosse sein.

So erlebte ich bei meiner Trakehnerstute, die die Rosse beim Vorbesitzer trotz optimaler Haltung nie offen zeigte, folgendes: Wir hatten sie im Dezember 1978 aus einem temperierten Stall gekauft. Im kalten Winter 1978/79 zeigte sie bis März keinerlei Anzeichen. Der Haflingerhengst stand neben ihr, und beide mochten sich offensichtlich gut leiden. Sobald die Stute aber (etwa zweimal pro Woche) zum Abprobieren herausgeholt wurde, regte sie sich in der noch fremden Umgebung ziemlich auf. Ohne Aggressionen ließ sie sich das Beknabbern des Hengstes, der erstaunlich zurückhaltend und sehr sanft war, gefallen, roßte aber nicht ab.

Mit den ersten warmen Märztagen zeigte sich die Rosse anfangs zaghaft, später kräftiger. Am deutlichsten traten die Anzeichen hervor, wenn sie ihre Stallverspannung an der Longe oder unter dem Sattel gelöst hatte. Danach stand sie wie ausgewechselt und roßte sehr gut ab. In diesem Problem liegt ein Grund für die relativ schlechte Befruchtungsrate mancher Deckstationen.

Die Stute wird im zugigen Hänger, ohne Decke und möglichst noch mit hinterer offener Plane, zur Station gefahren, ausgeladen und soll dann sofort gedeckt worden. Das ist so delikat, wie eine Frau im Schnee zu vergewaltigen. Durch die Verspannung rossen die Stuten im Probierstand nicht gut und lange genug ab, so daß das Scheidenmilieu nicht optimal für gute Fortbewegung der Spermien und ihr Überleben eingerichtet ist.

Bessere Ergebnisse werden daher erzielt, wenn die Stuten für die Dauer der Rosse auf der Station stehen bleiben und unter Umständen ihr Fohlen bei sich haben. Als es noch nicht üblich war, die Stuten im Anhänger zur Station zu fahren, waren die Ergebnisse meist besser. Die Stuten wurden langsam geritten oder im Gespann hingefahren und zunächst, gegebenenfalls eingedeckt, neben die Box des Hengstes gestellt.

Daraufhin wurde der unvermeidliche Schoppen getrunken, und die Stute gewöhnte sich an den neben ihr wiehernden und um sie werbenden Hengst. Beide waren ungestört, und die anschließende Bedeckung klappte reibungslos, sofern die Stute in der Hauptrosse war.

Danach wurde die Stute geführt, und nach den Formalitäten ging's gemächlich nach Hause. Die Stute war vorher und nachher warm, aber niemals im Galopp abgejagt. Auf diese Methode besann sich ein befreundeter Haflingerzüchter, nachdem sich seine Stute nicht mehr decken lassen wollte, bzw. nach erzwungener Bedeckung nicht aufnahm, obwohl sie organisch gesund war.

Er ritt sie vor der Bedeckung eine Viertelstunde im Schritt und ruhigem Trab lokker, ließ dann decken, und siehe da, die Stute stand. Anschließend führte er sie eine halbe Stunde im zügigen Schritt. Nach vier erfolglosen Zyklen hat es nach dieser Methode auf Anhieb geklappt. Der Aufwand erscheint manchem übertrieben oder nicht durchführbar, aber Problemstuten, besonders solche, die nach dem Hengst schlagen und daher nicht mit ihm auf der Weide laufen können, erfordern neben Geduld auch Geld, und diese Möglichkeit ist sehr preiswert und kommt den natürlichen Bedingungen wenigstens etwas entgegen.

Wenn sich die Rosse sichtbar zeigt, so stellt sich natürlich die Frage, wann der günstigste Zeitpunkt für die Bedeckung ist. Dazu muß man wissen, wie lange die Rosse bei der jeweiligen Stute durchschnittlich dauert. In der Literatur werden Werte zwischen drei und neun Tagen angegeben. Der Eisprung und damit die optimale Zeit der Bedeckung erfolgt bei 64% der Stuten einen Tag vor dem Ende der Rosse. Laut Statistik sieht es mit dem Eisprung etwa folgendermaßen aus:

3 Tage vor Brunstende ovulieren
0,9% Stuten
2 Tage vor Brunstende ovulieren
25,3% Stuten
1 Tag vor Brunstende ovulieren
64,5% Stuten
am Tag des Brunstendes ovulieren
8,4% Stuten
1 Tag nach Brunstende ovulieren
0,9% Stuten

Insgesamt zeigt sich die Rosse abhängig von Rasse, Ernährung und Klima in unterschiedlicher Intensität. Rossige Stuten können kitzeliger und unruhiger werden, sie wiehern anderen Pferden verstärkt zu, sondern aus ihrer Scheide glasigen, fadenziehenden Brunstschleim ab und urinieren vermehrt.

Die Deckbereitschaft zeigt sich am Heben des Schweifes und sichtbaren Blitzen. Kleine Harnmengen werden abgespritzt, bei Annäherung des Hengstes werden die Hinterbeine breitgestellt, und die Stute nimmt eine sägebockartige Stellung ein. Besonders das Blitzen (reflexartiges Öffnen und Schließen des unteren Schamwinkels, wobei der Kitzler

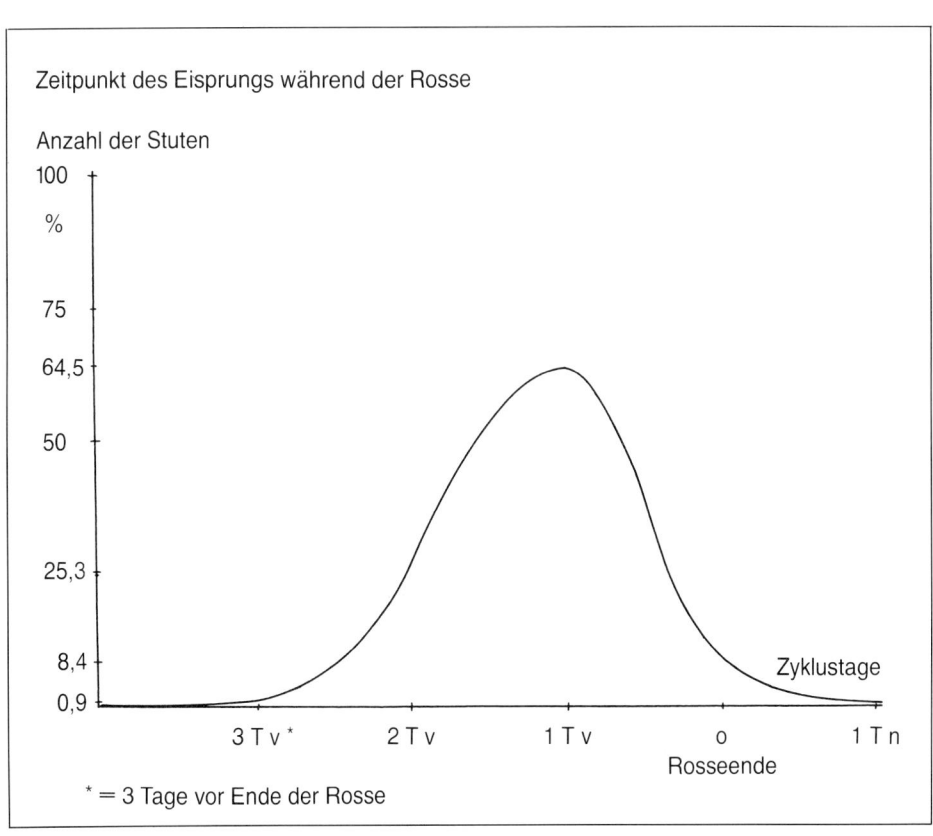

Zeitpunkt des Eisprungs während der Rosse

Anzahl der Stuten

* = 3 Tage vor Ende der Rosse

sichtbar wird) und Absondern des Brunstschleims wirken sehr erotisierend auf den Hengst.

Die Schleimabsonderung dient somit einmal als Signal für den Hengst und andererseits als Gleitmittel in der Scheide bei der Bedeckung. Nur treten die hier angesprochenen Signale nicht immer während der gesamten Rosse in voller Intensität auf, sondern sind in der Hauptrosse am stärksten. Daher teilt man die Rosse in folgende Stadien ein:

☐ Die Vorrosse kann einen bis drei Tage vor Beginn der Hauptrosse mehr oder weniger ausgeprägt in Erscheinung treten und bedingt während dieser Zeit die Vorbereitung der Gebärmutter für die Aufnahme des befruchteten Eies. Der Hengst wird durch den besonderen Geruch des Harns und die schleimige Absonderung aus der Scheide auf die Stute aufmerksam, sucht in der freien Herde ihren Kontakt und beginnt, sie imponierend zu umwerben.

☐ An die Vorrosse schließt sich die Hauptrosse an. Sie dauert wenige Stunden bis mehrere Tage. Während dieser Zeit ist die Stute nicht nur paarungsbereit, sondern auch befruchtungsfähig, weil das Eibläschen springt.

Die Hauptrosse ist am veränderten Verhalten der Stute, dem häufigen harnabsetzenden Blitzen zu erkennen. Die Scham ist aufgelaufen und immer rosa durchblutet, während sie sonst eher blaß erscheint.

☐ In der Nachrosse klingt die Paarungsbereitschaft wieder ab, die Stute läßt sich meist nicht mehr decken. In diesem Stadium eine Bedeckung zu erzwingen, obwohl die Stute bereits abschlägt, ist eher gefährlich, als daß es irgend einen Nutzen bringt. Weil der

Eisprung bereits erfolgt war und die Eizelle ohnehin nur wenige Stunden lebensfähig ist, kann keine Befruchtung mehr erfolgen.

Viele Stuten lassen sich etwa vom zweiten Tag der Rosse an decken und stehen bis zu zehn bis zwölf Tagen.

Um den Hengst nicht zu überanstrengen und die Stute keiner Bakterienflut auszusetzen, ist es günstig, die Rossedauer der Stute zu kennen und im 36-Stunden-Rhythmus lediglich an den letzten vier Tagen decken zu lassen.

Geschlechts- und Zuchtreife bei Hengst und Stute

Hengsthaftes Benehmen ist schon im Fohlenalter zu beobachten. Bereits acht Tage alte Hengstfohlen springen während der Rosse auf ihre Mutter auf, haben in fortgeschrittenem Alter sogar schon mal eine Erektion, die aber noch nicht von einer Ejakulation befruchtungsfähiger Spermien begleitet ist. Mit dem Alter des Fohlens wächst das Hodengewicht, und der junge Hengst ist bereits mit 15 bis 18 Monaten zeugungsfähig. Die ersten Anzeichen des Geschlechtstriebs beim Hengst und der Brunst bei der Stute treten etwa im Alter von zwölf Monaten auf.

Freilandbeobachtungen ergaben, daß junge Stuten (Island) mit zwei Jahren im Sommer richtig rossig wurden und in diesem Alter vom Hengst gedeckt werden. Nicht in jedem Fall wird die junge Stute dann tragend, weil die Resorptionsrate aufgrund der kargen Vegetationsverhältnisse relativ hoch ist. Der Herdenhengst ist erheblich älter als die Jungstuten, was durch die im folgenden beschriebene Sozialstruktur, die innerhalb eines Herdenverbandes herrscht, begründet ist.

Zu jeder Pferdefamilie gehört ein Hengst

64

als Familienoberhaupt, sowie eine oder mehrere Stuten mit weiblicher Nachzucht und den diesjährigen Saugfohlen. Die Junghengste, die älter als ca. zehn Monate sind, schließen sich in sogenannten Junggesellenclubs zusammen und folgen der Herde zunächst in einem Abstand, da der Leithengst seine halbstarken Nebenbuhler, besonders in der Paarungszeit, auf Distanz hält.

Entweder folgen die Junghengste der Herde, treffen auch gelegentlich mit ihr zusammen oder ziehen weg von ihr, um sich anderen herumwandernden Gruppen anzuschließen. Diese Junggesellenclubs sind mit bestimmten Bereichen menschlichen Sozialverhaltens, z. B. den Burschenvereinen, zu vergleichen. Diese Tiere sind trotz sexueller Reife, die auch den Menschen in vergleichbarem Alter nicht abzusprechen ist, noch nicht in der Lage, eine Familie zu gründen.

Innerhalb dieser Clubs bildet sich selbstverständlich auch eine Rangordnung. Die jungen Hengste tragen spielerische Kämpfe aus, die auf den späteren ernsten Kampf gegen den Leithengst einer Herde vorbereiten sollen. Erst im Alter von etwa fünf bis sieben Jahren sind sie ausgereift und den Anforderungen zum Führen einer Herde gewachsen. Dann erst stehlen sie hier und da eine oder mehrere Stuten oder bekämpfen sich mit einem Leithengst, um die ganze Herde zu übernehmen.

Die Althengste der Herden sind zwar erfahren, gleichen aber aufgrund der Streßsituation, der sie ausgesetzt sind, im Alter eher einem hochbezahlten Topmanager kurz vorm Infarkt. Der Senior, der ständig seine Herde zusammenhalten muß, sie gegen Nebenbuhler verteidigt, wachsam auf Gefahren achtet und während der Rosse der Stuten noch bis zu zehn Sprünge täglich durchführt, ist für einen ausgereiften, kräftigen Junghengst ein gleichwertiger Partner. Kann dieser die gesamte Herde übernehmen, so ist die Dauer seines Amtes abhängig davon, ob er den konstitutionellen Anforderungen genügt. Wenn nicht, so wird es nicht lange dauern, bis entweder der Althengst wiederkommt, oder ein neuer junger Rivale auftaucht.

Dieser Mechanismus hat insofern große Vorteile, als sich im Kampf ums Dasein nur die stärksten und widerstandsfähigsten Individuen vererben können. Zudem sind die Möglichkeiten der Inzucht, daß der Althengst seine eigene Tochter deckt, sehr gering. Die Folgen der Inzucht wären mangelnde Fruchtbarkeit, geringe Resistenz gegenüber Infektionen, Degenerationen und Veränderungen des Typs.

Anders verhält es sich bei Hauspferden, zunächst bei den Hengsten: Sie werden in Deutschland als Absatzfohlen vorausgewählt und nach besonders futterintensiver Aufzucht im Herbst als zweieinhalb- bis zweidreivierteljährige Tiere einer jeweils zuständigen Verbandskörkommission vorgestellt. Dort werden sie entweder in das Hengstbuch I (volle Zuchtbuchanerkennung) eingetragen oder wegen Qualitätsmängeln, ungenügender Entwicklung oder Abstammungslücken in Hengstbuch II registriert. Die Nachzucht von Hengstbuch II-Hengsten erhält als Pedigree nur eine Geburtsbescheinigung. Stutfohlen sind nicht Hauptstutbuchberechtigt.

Die Verbände haben seit Wegfall der staatlichen Körung allerdings unterschiedliche Regelungen getroffen. Man tut gut daran, sich bei seinem Verband zu erkundigen. Vergleiche mit anderen Verbänden sind sinnvoll, denn in der Vorstandsetage eines Zuchtverbandes verliert man leicht den Überblick, wer denn nun eigentlich für wen da ist, der Züchter für den Verband oder lieber umgekehrt. Für die weitere zuchtbuchmäßige Anerkennung wird das erfolgreiche Ablegen einer Hengstleistungsprüfung, meist im Alter von 3½ Jahren erwartet, dessen sehr positives Ergebnis eine Aufwertung in Hengstbuch I möglich machen kann.

Frühreife und Wirtschaftlichkeit werden hier zur Klippe für Spätentwickler oder Pferde mit wenig Leistungsbereitschaft.

Frühreife Pferde sind allerdings auch entsprechend früher verschlissen. Unter den Spätreifen hingegen finden sich die zähen, harten Burschen, die unter Umständen in Leistungsprüfungen als Dreieinhalbjährige schlechter abschneiden, weil sie sich eher wehren und nicht die an sie gestellten Anforderungen optimal und gefügig erfüllen.

Die angestrebte frühe Verwertbarkeit des Pferdes ist typisch für unsere Zeit. Hier geht es nicht um einen frühen Einsatz aus Armut, wie früher in vielen bäuerlichen Betrieben üblich, sondern um schnellen Umsatz und Gewinn. Wenn ich dies den Betreffenden vorwerfe, so heißt das nicht, daß meine Einstellung zum Pferd durch naiven Idealismus und Wirklichkeitsfremdheit geprägt ist. Stutzig macht nur, daß früher Verschleiß nicht immer zwingende Notwendigkeit war.

Meine folgenden Ausführungen sollen gewiß keine Verherrlichungen der Kriegsmaschinerie sein, sondern nur den vorsichtigen Einsatz eines wertvollen Gutes erkennbar machen: Pferde, die vor Beginn des Zweiten Weltkrieges angekauft und eingemustert wurden, waren zunächst einmal mindestens viereinhalb Jahre alt! Sie wurde zu Beginn ihrer Ausbildung drei Monate lang longiert, etwa zehn bis dreißig Minuten in langsamer Steigerung. Im darauffolgenden halben Jahr kamen sie unter den Sattel, wurden so gut wie gar nicht angefaßt, geschweige

denn mit diversen Hilfszügeln malträtiert.

Daraufhin wurden sie zu leichten Arbeiten ohne Marschgepäck der Truppe zugeteilt und mit sechs Jahren erst voll eingesetzt. Wenn diese Pferde mit etwa zwölf Jahren ausgemustert wurden, waren sie begehrte Reit- und Jagdpferde mit guter Kondition und noch im Vollbesitz ihrer Kräfte, Pferde, die noch bis weit über 20 Jahre hinaus gebrauchsfähig waren. Aber welches Pferd erreicht heutzutage dieses Alter und ist noch reittauglich?

Doch zurück zu den Junghengsten. Es ist nicht verwunderlich, daß die persönliche Entwicklung dieser Hengste leidet, ihr Sozialverhalten gestört werden kann und sie viel früher verschlissen sind. Viele Hengste, die bei der Leistungsprüfung schlecht abschneiden, haben in diesem Alter noch kein richtiges Lernvermögen, sind durch die reiterliche Arbeit überfordert und wollen lieber spielen. Erst mit fünf bis sechs Jahren, wenn sie körperlich ausgereift sind, kommt die Konzentration, und echte Arbeit wird möglich.

Durch das Bestreben einer frühzeitigen Verwendung gehen der Zucht mit Sicherheit wertvolle Spätentwickler verloren. Man bedenke nur, daß heutzutage ein Hengst wie Ramzes mit seiner geringen Größe bei der Körung keine Chance hätte.

Besonders im Alter zeigen sich dann die Auswirkungen von voreiligen kommerziellen Überforderungen der jungen Hengste. Mangelnde Fruchtbarkeit, Deckfaulheit, allgemeine Konstitutionsschwäche sind der Preis, um so bedauerlicher, daß auch mancher gute Vererber dabei vorzeitig der Zucht verlorengeht.

Bei Stuten scheint es sich inzwischen herumgesprochen zu haben, sie frühestens mit drei Jahren decken zu lassen. Hauspferdestuten sind zwar auch schon mit eineinhalb bis zwei Jahren geschlechtsreif, aber die Qualität und Konstitution der Nachzucht sind entscheidend für den Verkaufspreis. Da Erstlingsfohlen sowieso etwas kleiner sind, erscheinen die Fohlen unausgereifter Dreijähriger, die bereits mit zwei Jahren gedeckt wurden, nicht nur mickriger, sondern die Belastung durch die zu frühe Trächtigkeit entzieht der Stute Substanzen, die sie selbst, zum Knochenaufbau beispielsweise, noch dringend gebraucht hätte.

Eine zu früh zur Zucht verwendete Stute wird selten besonders kräftige Fohlen haben. Nun wird mancher vielleicht einwenden, daß wildlebende Stuten ja oft auch schon zweijährig gedeckt werden, und wenn die Natur das so eingerichtet hat, wird es nicht schädlich sein. Nur sind Hauspferdestuten mit wildlebenden Stuten etwa so vergleichbar, wie zivilisierte Menschen und Buschneger. Es besteht doch die Tatsache, daß Buschneger mit dem Einsetzen der Geschlechtsreife verheiratet werden, Kinder bekommen und diese großziehen.

In hochzivilisierten Ländern besteht dagegen das Problem der Akzeleration. Von Generation zu Generation setzt die Geschlechtsreife früher ein, bedingt u. a. durch das stärkere Vermischen nichtverwandter Familien, aber das eigentliche heiratsfähige Alter wird durch Schule, Ausbildung und spätes Geldverdienen immer weiter hinausgeschoben.

So gehen unsere Anforderungen an eine gute Zuchtstute über das eigentliche Fohlengebären meistens hinaus. Daneben soll die Stute noch geritten werden, fand früher in der Landwirtschaft auch noch hochtragend Verwendung und steht, keineswegs artgemäß, zumindest im Winter viel zu viel im Stall herum, bekommt Wasser in den Beinen und verliert an Erscheinung durch mangelnde Kondition.

Daher ist die Position der Züchter zu begrüßen, die ihre Stuten im Alter von dreieinhalb Jahren anreiten und den Winter über arbeiten. Danach ist die Rittigkeit und das Gangvermögen dieser Stuten klar, die Hengstwahl einfacher und der Verkauf bei überzähligem Bestand eher möglich. Die eigene Entwicklung dieser Stuten ist im Alter von vier Jahren weitgehend abgeschlossen, und durch die reiterliche Ausbildung hat das Pferd eine gewisse körperliche Geschmeidigkeit erhalten.

Ich weiß, daß mancher hierüber lächeln wird. Es ist ja auch so gut wie fruchtlos, gegen das Pferdegeschäft ankämpfen zu wollen, bei dem alles schnell gehen muß. Das fängt beim Decken an (ich spreche noch darüber) und zielt auf frühreife, frühwüchsige Pferde ab, die möglichst früh geritten und damit verkauft werden können, um ihrerseits wieder möglichst früh Schäden an den Beinen und Atmungsorganen zu nehmen, denn für Nachschub ist gesorgt, und den will der »Züchter« auch noch loswerden.

Dabei sollte man sich nur das Alter der startenden S-Springpferde ansehen. Sie sind alle verhältnismäßig jung (sieben- und achtjährig, vor zehn Jahren noch undenkbar) und jumpen der Neurektomie (Nervenschnitt) unaufhaltsam entgegen. Schmerzmittel Bute, das vor allem die kaputten Beine betäubt, ist genauso selbstverständlich wie Aufbauspritze und Anabolika bei Lustlosigkeit und zu langsamem Muskelwachstum. Alte Turnierpferde, und damit meine ich nicht nur die der Klasse S, sprechen in ihrem Äußeren Bände über die »Schufterei« auf dem Turnierplatz, das vorherige, oft grausame Training nicht zu vergessen. Sie werden zum größten Teil viel zu schnell verheizt, und die Veteranen, die gesund 15 Jahre alt werden, sind gezählt.

Es hat heute fast niemand mehr daran Interesse, auf seine Kosten das Leben und die Brauchbarkeit eines Pferdes durch späte Nutzung und bedächtigen Einsatz zu verlängern. Autos werden langsam eingefahren, damit der Motor nicht bei 20 000 km den Geist aufgibt, bei Pferden zeigt sich früher Verschleiß erst später, wenn es zu spät ist.

Die Bedeckung:
Sprung aus der Hand –
freies Decken auf der Weide

Nachdem der passende (Hoffentlich! Aber klüger ist man ja erst hinterher) Hengst ausgewählt ist, die Stute zu rossen beginnt, wird es höchste Zeit, sich mit dem Hengsthalter, dem Gestüt oder der staatlichen bzw. privaten Deckstation in Verbindung zu setzen. Dort wird dann eine Box reserviert, in der die Stute während der Bedeckungszeit stehen kann. Bei Islandpferden und vereinzelten anderen Kleinpferdegestüten ist es üblich, den Hengst mit zehn bis fünfzehn Stuten in vierwöchigem Turnus auf die Weide zu geben. In diesem Fall ist in der Decktaxe oft gleichzeitig der Weidegang enthalten.

Damit sind die beiden Hauptformen der Bedeckung schon angerissen. In der Vollblut- und Warmblutzucht ist es, von wenigen Ausnahmen abgesehen, üblich, die Stuten in ca. 36stündigem Abstand während der Hauptrosse bis zum Abschlagen decken zu lassen. Der Abstand von 36 Stunden wird gewählt, weil das Sperma des Hengstes in der Stute nicht länger lebensfähig ist.

Die wenigsten Züchter kennen die genaue Dauer der Rosse ihrer Stute. Zum Ende hin ist sie aber erst befruchtungsfähig. Daraus folgt, daß sie ständig mit lebensfähigem Sperma versorgt sein muß, damit beim Eisprung eine Befruchtung erfolgen kann.

Gute Gestüte haben einen Tierarzt mit besonderem Fingerspitzengefühl. Diese hochqualifizierten Veterinäre sind in der Lage, den Eisprung durch Ertasten zu fühlen, so daß der Hengst schonend eingesetzt wird und nur ein bis zwei Sprünge pro Stute ausführt.

Die Bedeckung an der Hand, die hier üblich ist, sollte folgendermaßen ablaufen: Nehmen wir an, die Stute wird zur Deckstation geritten oder gefahren und führt kein Fohlen. Sie wird dann nicht etwa sofort probiert, sondern erst einmal in ihrer Box versorgt. Sie gewöhnt sich dabei an die fremde Umgebung und kann nach ein bis zwei Stunden erstmals abprobiert werden. Dazu wird sie mit der Trense in den Probierstand geführt. Der Probierstand ist ein vorne offener Ständer mit ca. 1,20 bis 1,40 m hoher Trennwand. An der anderen Seite ist meistens eine Mauer.

Die Stute wird hineingeführt und vorne festgehalten. Dann erst wird der Hengst gebracht, ist aber durch die Trennwand, die möglichst mit dicken Kokosmatten abgedeckt sein soll, vor den Schlägen der möglicherweise noch unwilligen Stute geschützt. Er beknabbert die Stute von vorne nach hinten, flehmt, bekommt eine Erektion und wiehert imponierend oder zärtlich.

Wenn die Stute sich dabei breitbeinig hinstellt (Sägebockstellung), Harn und Scheidensekrete kräftig absondert, dabei die Schamlippen öffnet und schließt (Blitzen) und nicht unwillig, aggressiv gegen die Trennwand schlägt, ist an ihrer Paarungsbereitschaft nicht mehr zu zweifeln. Der Hengst wird dann kurz zurückgenommen und die Stute bekommt, überwiegend zum nochmaligen Schutz des Hengstes, Spannstricke angelegt. Dabei werden entweder nur das linke oder beide Hinterbeine in eine Schlinge gelegt, die mit einem Strick am Hals verknotet wird. Dieser Halsknoten sollte immer eine feste Schleife sein, die im Notfall durch einfachen Zug am richtigen Ende zu öffnen ist. Diese Spannstricke haben vielfach schon schwere Verletzungen in der Fesselbeuge verursacht. Sie sollten nur bei Stuten verwendet werden, die gegen jeden Hengst furchtbar aggressiv sind und während der gesamten Rosse nicht friedlich werden. Eine gut abprobierte Stute steht auch ohne Fesseln, wenn nicht, ist sie noch nicht soweit und zeigt sich besser nach ein bis drei Tagen. Manche Stuten wollen sehr lange abprobiert werden, und das sollte man ihnen auch gönnen. Die Scheidenregion ist besser durchblutet und die Verletzungsrate für Hengst und Stute geringer, die Befruchtungsquote höher.

Manche Stuten werden beim Decken mit der Brust vor die Probierwand gestellt, damit sie nicht vorgehen können, der Festhaltende steht dann geschützt hinter der Trennwand. Das hört sich ganz günstig an, ist aber für die Stute unangenehm, weil sie nicht vorgehen kann, falls der Hengst zu tief eindringt. Der Hengst springt am besten auf die freistehende Stute, die vorne möglichst am Halfter und nicht mit der Trense gehalten wird. Dabei wird der Schweif der Stute rasch zur Seite gehalten, damit eindringende scharfe Schweifhaare nicht die Rute des Hengstes oder die Scheide der Stute verletzen.

Der Hengst stößt einige Male nach, so daß in der Scheide ein Sog entsteht und die Eichel sich am Muttermund festsaugt. Um nicht nach hinten von der Stute zu rutschen, beißt er sich mehr oder weniger stark am Mähnenkamm fest. Wenn er absamt, beschleunigt sich seine Atmung, die Augen werden verdreht, der Schweif schlägt, und am Penis ist die Ejakulation deutlich zu fühlen. Wenige Sekunden später steigt er erschöpft ab, zieht seinen Schlauch ein und wird in seine Box zurückgeführt.

Bei manchen Hengsten wird zunächst der Schlauch desinfiziert oder mit warmem Seifenwasser abgewaschen. Das ist aber nur sinnvoll, wenn es nach jeder Bedeckung gemacht wird, da die natürlichen Abwehrstoffe der Penisschleimhaut dann lahmgelegt sind.

In vielen Gestüten wird die Bedeckung in der Reithalle oder auf einem extra hergerichteten Sägemehlplatz durchgeführt. Dieser Platz wird manchmal sehr ästhetisch gerecht, mit Borte verziert und erweckt den Eindruck eines Bettes in diversen Etablissements. Im Grunde genommen bietet dieser staubige Untergrund zwar Halt für die Stute und schont die Hinterbeine des Hengstes, aber der auffliegende Staub kann sehr leicht mit Mistteilchen, die vorher an den Hufen waren, bei der Bedeckung in die Scheide geschleppt werden. Griffiger Gummiboden ist daher empfehlenswerter. Auch eine Wiese, den ganzen Tag von der Sonne beschienen und daher nahezu keimfrei, leistet beste Dienste.

Die Befruchtungsquote beim Sprung aus der Hand liegt bei 45 bis 80%, je nachdem wie weit der Hengsthalter über Befruchtungsvorgänge informiert ist, bzw. wie optimal der Hengst eingesetzt wird. Anders sieht es beim freien Sprung in der Herde aus. Hier sind Ergebnisse von 100% Befruchtung beinahe an der Tagesordnung.

Nun ist es mit Schwierigkeiten verbunden, Stuten, die zum Teil ihr ganzes Leben nur isoliert von anderen Pferden in vergitterten Boxen gestanden haben, plötzlich zu anderen Stuten in einen Herdenverband einzugliedern. Durch Rangkämpfe sind gefährliche Verletzungen nicht auszuschließen, weil durch Isolation und nichtartgemäße Haltung die Ritualisierung des Schlagabtausches und der Drohungen verlorengegangen ist. Die Angst, daß etwas passieren könnte, ist also nicht ganz unberechtigt. Aber gerade deshalb ist es wünschenswert, die Art der Haltung unserer Reit- und Fahrpferde zu überdenken, denn es geht auch anders.

In Island trifft man sich alle vier Jahre am Thingvellir zum traditionellen Wettkampf. Auch heute noch wird hingeritten. Die Pferde, Reitwallache und Stuten, werden zu je 1000 Tieren auf zwei riesigen Koppeln verteilt, die Hengste sind getrennt in Stallungen untergebracht, weil sonst rivalisierende Machtkämpfe um Stuten auftreten würden. Die Pferde, die sich kennen, bleiben meistens beisammen, und Keilereien kommen höchst selten vor. Hier in Deutschland wäre so etwas unmöglich. Warum eigentlich? Es ist doch bedenklich, wie stark wir unsere Pferde schon durch die Haltung von ganz natürlichen Vorgängen entfernt haben.

In England ist es selbstverständlich, daß die Ponyhengste mit ihren Stuten auf der Weide laufen, sogar die großen Cobhengste der Sektion D (bis 1,54 m) tun es, obwohl sie als ausgewogene Mischung zwischen Sanftmut und Kraft einer verkleinerten Ausgabe des alten Oldenburgers ähneln. Ein Trakehnergestüt in Deutschland verfuhr ebenso, und außer einigen Schrammen, die rasch verheilten, hat der Hengst sich nicht verletzt. Dafür hat er aber eine prächtige Kondition bekommen, denn es reicht nicht aus, ein Pferd eine Stunde pro Tag zu arbeiten und dann wieder in den Stall zu stellen, sondern es hat das natürliche Bedürfnis, sich zu bewegen, langsam und stetig. Diese Möglichkeit wäre auch bei dem größeren Teil der Warmblutbeschäler gegeben, denn manche Züchter und Gestüte haben herrlich ausgedehnte holzeingezäunte Koppeln.

Aber solange Hengste sich wie Verrückte gebärden müssen, weil das den meisten Eindruck auf den Stutenbesitzer macht und steigend und schreiend aus ihrem Stall kommen, die Stute rabiat abprobieren, weil sie durch die Trennwand geschützt sind und dann auf das gesträngte Tier aufsteigen, ist von diesen Kerlen nicht viel Vorspiel und Umwerben der Stute zu verlangen. Sie werden im Laufe der Zeit potente Sexmaschinen, für die die Decktrense der »Einschaltknopf« ist.

Als ein dreijähriger hochsensibler Warmbluthengst während seiner ersten Decksaison nicht sofort decken, sondern erst mit der Stute spielen wollte, wurde er daran gehindert. Ein Hengst muß auf Befehl springen, doch woher weiß man ganz genau, ob der Stute das so lieb ist? In der Herde bemerkt der Hengst die Rosse der Stute bereits vor der Paarungsbereitschaft. Während der Vorrosse beschäftigt er sich schon stärker mit der Stute, treibt vermehrt soziale Hauptpflege mit ihr (Fellkraulen), weidet in ihrer Nähe und versucht, sich ihr in eindeutiger Weise anzubieten.

Er beriecht zunächst Schulter- und Flankenregion und sehr ausgiebig den Genitalbereich, worauf er meistens flehmt. Beim Flehmen wird die Oberlippe soweit hochgestülpt, daß die Nüstern zusammengedrückt und dadurch die Nasenräume von der Außenluft total abgeschlossen werden. Manche Pferde lassen zudem dabei noch die Unterlippe hängen, so daß die Schneidezähne in voller Pracht sichtbar sind. Dabei wird der Kopf hochgenommen und genüßlich verdreht. Sinn des Flehmens ist die geruchliche Orientierung mit dem Jakobsonschen Organ, einem etwa bleistiftstarken, mit Riechschleimhaut ausgekleideten Knorpelrohr am Boden der Nasenhöhle.

Während des Flehmens schachtet der Hengst normalerweise aus und bespringt die Stute dann. Diese läßt das auch zu, vorausgesetzt, sie befindet sich in der Hochrosse. Ist sie noch nicht soweit, schlägt sie aus, flüchtet oder dreht sich zumindest weg. Hengste, die ein paarmal Stutenhufe spürten, sind äußerst vorsichtig.

Mit dem Einsetzen der Hochrosse signalisiert die Stute auch sehr deutlich ihre Deckbereitschaft. Sie steht dabei mit sägebockartig gespreizten Hinterbeinen und schwach gesenkter Hinterhand, den Schweif erhoben und den Kopf leicht vorgestreckt. Mit diesem charakteristischen Signal ist sie in der Lage, auch entfernte Hengste anzulocken.

In der Herde wird die Stute während der zwei bis drei Tage andauernden Hochrosse mehrmals täglich gedeckt, was an den Kräften des Hengstes deutlich zehrt. Sind gleichzeitig mehrere Stuten rossig, so hat die rangniedrigste das Nachsehen, da die Samendichte und -menge nach mehreren Sprüngen bedeutend zurückgeht und die Aktivität des Hengstes damit nachläßt.

Ein Hengst erzielt im Herdenverband zwar eine hohe Befruchtungsquote, im vierwöchigen Turnus sollten ihm aber nicht mehr als jeweils zwölf bis 15 Stuten zugeführt werden. Daraus ergibt sich eine Höchstmenge von 36 bis 60 Stuten pro Decksaison, die der durchschnittlichen Leistung eines Warmblutbeschälers entspricht, obwohl letztere, sinnvoll eingesetzt, bis zu 100 Stuten decken können.

Es gibt soviele Faktoren, warum eine Stute sich an der Hand unter Umständen nicht decken lassen will, die dem Menschen bisher verborgen blieben und die dann aus Unwissenheit mit Gewalt bekämpft werden. Wir hatten eine Reitponystute verkauft, sahen sie nach einem Vierteljahr wieder, waren von ihrer Verfassung entsetzt und kauften sie kurzentschlossen zurück. Nach zwei Tagen wurde sie rossig. Da sie durch den Reitbetrieb, in dem sie gelandet war, noch einigermaßen im Futter, aber ansonsten total abgestumpft und im Wesen verändert war, sollte sie zunächst gedeckt werden, um dann einen reiterlich unbelasteten »Urlaub« auf der Koppel zu erleben und sich von den Strapazen zu erholen.

Sie lief dann mit einem gekörten Welsh Cob (Sek. D) Hengst auf der Weide und obwohl sie deutlich rossig war, vertrimmte sie ihn derartig, daß wir beide trennten. Am folgenden Tag versuchten wir es noch einmal und hatten genausowenig Erfolg. Da der Hengst, gerade dreijährig, noch viel zu unerfahren hinter ihr herrannte und beide öfter versuchten, aus der Weide auszubrechen, mußten wir unsere Stute wieder nach Hause nehmen. Die Stute hatte bei uns bereits drei Fohlen gehabt, das letzte stammte von einem Vollblutaraber. Bei jener Bedeckung war sie gesträngt worden und kam leicht an der Scheide verletzt und schlecht gefüttert zurück. Wir vermuteten, daß sie dort etwas erlebt haben konnte, weshalb sie sich jetzt so verweigerte. Vielleicht zeigte sie auch nur eine Scheinrosse.

Bei der nächsten Rosse, drei Wochen später, probierten wir es noch einmal.

Unsere Stute war wie ausgewechselt. Sie kraulte und beknabberte sich sofort mit dem Hengst, roßte kräftig ab und ließ sich nach recht langem Vorspiel – der Hengst erinnerte sich an sie und ihre Hufe – willig decken. Sie wurde mehrmals in der darauffolgenden Woche mit ihm zusammengelassen und ist tragend.

Die Lösung für dieses eigenartige Verhalten liegt wahrscheinlich an den schlechten Haltungsverhältnissen, während sie verkauft war. Bei uns war sie stets Leitstute gewesen. Als sie verkauft wurde, kam sie zu anderen Pferden, die ihr keine Chance gaben, in der Hierarchie ihren alten Platz zu besetzen. Sie blieb die rangniedrigste, wurde ständig vom Futter verjagt und zusätzlich reiterlich stark beansprucht. Das Pferd, ehemals temperamentvoll, ehrgeizig und selbstsicher, entwickelte sich zu einem phlegmatischen und abgestumpften Tier ohne Energie. Die Umstellung zurück zu uns war auch belastend, so daß sie nur noch eine Verteidigungsposition bezog.

Als sie nach wenigen Tagen in unsere Herde gelassen wurde, flogen kurz die Hufe, und die alte Ordnung war wieder hergestellt. Sie war wieder Leitstute, erhielt kräftiges Beifutter, Weidegang und kam die nächsten acht Wochen nicht unter den Sattel. Aus diesem Selbstbewußtsein, das sie innerhalb kurzer Zeit wieder erlangte und der mitspielenden Erholung, hat sie sich drei Wochen später beim Decken, wie beschrieben, normal verhalten. So komplex können die Zusammenhänge sein. Ich bin sicher, daß noch andere Faktoren mitgespielt haben, die ich nicht erklären kann.

Es wäre einfach gewesen, diese Stute radikal zu strängen und zu bremsen, eine Bedeckung hätte dann sicher geklappt, aber wozu diese Vergewaltigung. Hier hat sich das Freilaufenlassen zum Decken recht gut bewährt. Wenn es nicht möglich ist, den Hengst mit seinen Stuten den Sommer über auf der Weide laufen zu lassen, so kann man beide in einen Paddock oder auf eine Weide zur Bedeckung lassen. Der Boden sollte aber immer staubfrei und rutschfest sein.

Beim Decken an der Hand empfiehlt es sich, vorsichtig und behutsam vorzugehen. Statt Schlagfesseln kann man der Stute genausogut Filzschuhe anlegen. Ein längeres Abprobieren läßt die Stute eher aggressionslos stehen und verringert durch die abgesonderte Schleimmenge die Verletzungsgefahr von Scheide und Penis und begünstigt die Befruchtung durch ein für die Spermien optimales Scheidenmilieu.

Bei Hengst und Stute sollte die Decktrense kein Reithalfter haben, bei der Stute genügt oft ein einfaches Stallhalfter. Dadurch wird das Beknabbern erleichtert. Obwohl ich gegen unnatürliche Vorrichtungen jeder Art bin, halte ich es für notwendig, den frisierten (beigeschnittenen) Schweif der Stute in der Länge der Schweifrübe einzubandagieren, weil die harten Stacheln den Penis leicht verletzen können.

Nach dem Decken empfiehlt sich das Führen der Stute im Schritt, bis sie aufhört, das Ejakulat auszupressen (ca. fünf bis zehn Minuten). Ein Eimer kaltes Wasser gegen die Scheide gekippt erspart zwar das Herumführen, bewirkt aber einen Schock, den die Stute mit der Bedeckung und dem Hengst verbindet. Bei der nächsten Bedeckung kann sich dies leicht in Verspannung und Aggression gegen den Hengst auswirken. In die Box zurückgebracht, wird die Stute je nach Temperament noch etwas aufgeregt erscheinen, beruhigt sich aber bald.

Etwas anders verhält es sich, wenn die Stute ein Fohlen bei sich hat. Manche sind so auf das Fohlen fixiert, daß sie sich nicht von ihm trennen lassen wollen und beim Abprobieren keine Rosseerscheinungen zeigen. So nimmt man z. B. daher das Fohlen immer mit der Stute heraus, stellt es vor sie und hält es während des Abprobierens dort fest, damit es nicht versehentlich Schläge der abweisenden Mutter, die dem Hengst gelten, erhält.

Gewöhnlich entspannt sich die Stute schnell, und das Fohlen kann losgelassen werden. Einmal stellte sich bei uns das sehr selbstbewußte Hengstfohlen einer Stute vor das Hinterteil seiner Mutter, so daß der Hengst nicht aufspringen konnte. Er bemühte sich zwar, seinen kleinen Sohn mit dem Kopf wegzuschubsen, doch dieser reagierte darauf direkt mit aggressivem Ausschlagen nach seinem Vater, der sich davon aber gar nicht beeindrucken ließ und den kleinen Burschen so lange mit Nachdruck fortschob, bis der Weg frei war und er die Stute decken konnte. Manche Hengste wissen mit den Fohlen nichts anzufangen und weigern sich dann zu decken. Bei ihnen ist durch die Aufzucht und Haltung schon viel natürliches Verhalten verlorengegangen, was sehr bedauerlich ist.

Der Hengst in der Herde ist keineswegs der Unhold, für den er oft hingestellt wird, sondern zu seinen Fohlen fast noch zärtlicher als zu seinen Stuten.

Bedeckung an der Hand

Die Stute steht mit Stallhalfter und darübergezogener Trense im Probierstand. Dem auf sie zudrängenden Hengst blickt sie aufmerksam entgegen.

Er zeigt sein Imponiergehabe und hat bereits in Erwartung einer kommenden Bedeckung ausgeschachtet.

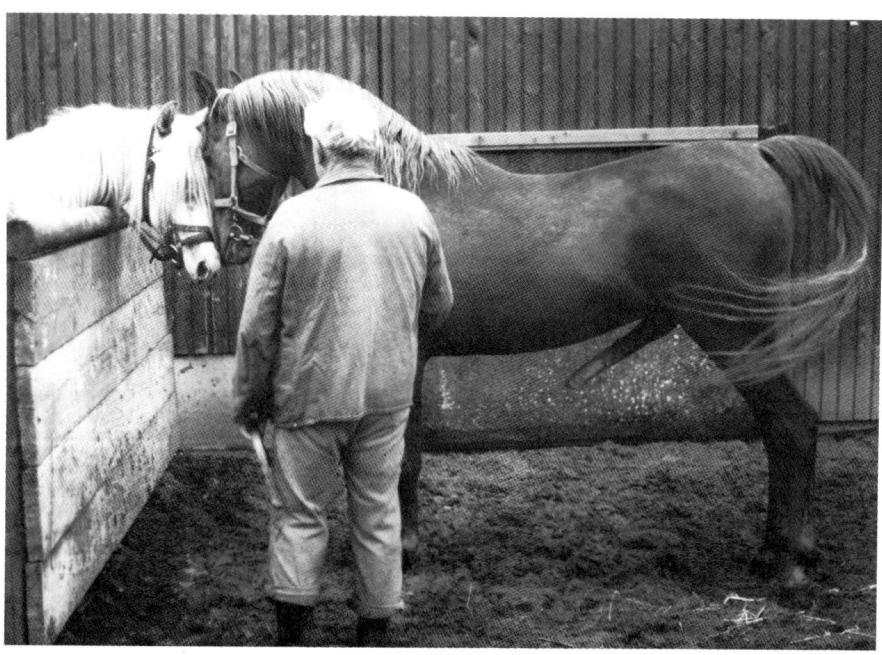

Trotz des anfänglichen Interesses ist bei der Stute noch keine Paarungsbereitschaft vorhanden. Die Schweifrübe ist noch eingeklemmt. Die Stute befindet sich in der Vorrosse, in der sie eine flirtähnliche Beziehung zum Hengst aufnimmt, auf einen Deckversuch seinerseits aber aggressiv reagiert.

Diese Stute zeigt ihre Paarungsbereitschaft durch Körper- und Schweifhaltung an.

Auf das Beriechen der Analregion durch den Hengst nimmt sie den vorher gelüfteten Schweif ganz zur Seite und blitzt (ruckartiges Öffnen und Schließen der Schamlippen unter Hervordrücken des Kitzlers).

Die Stute wird vor den Probierstand gestellt und dort festgehalten. Der Hengst springt kaum noch kontrollierbar trotz scharfen Gebisses und Peitsche mit Anlauf auf.

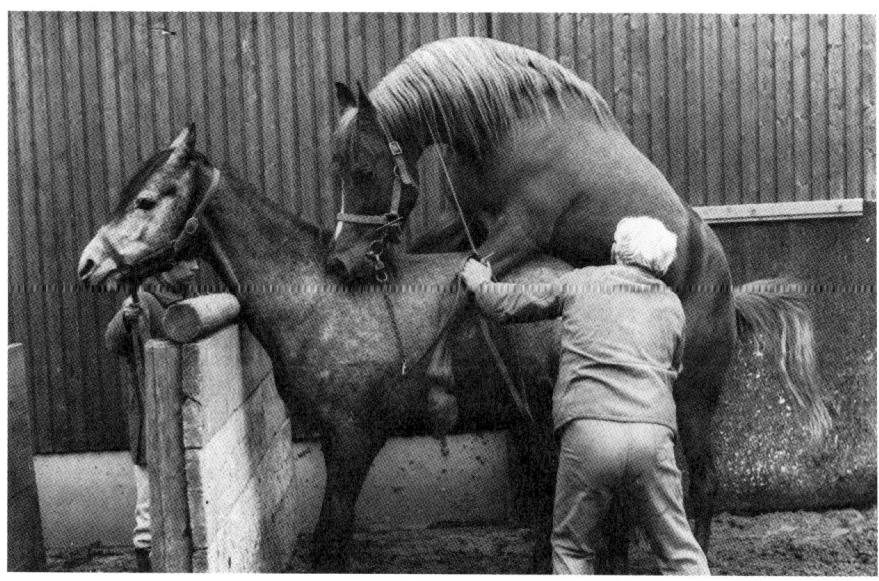

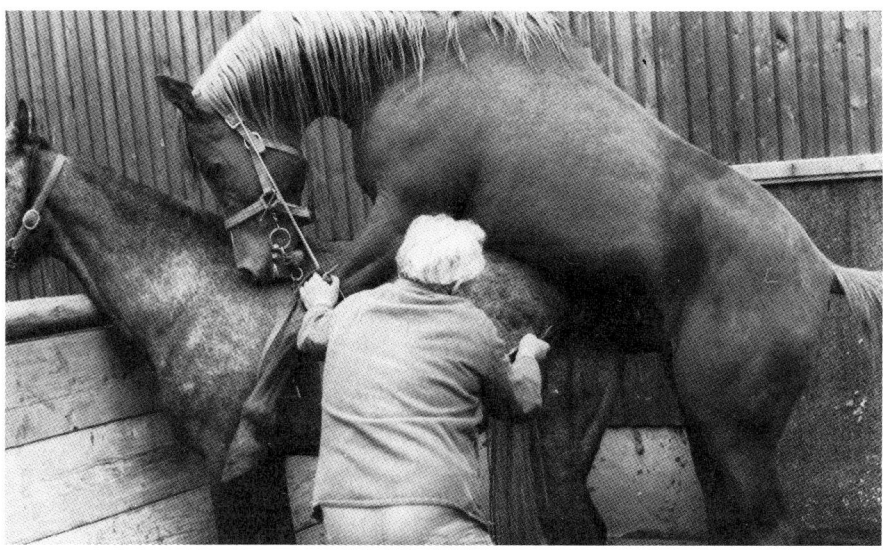

Die Schweifrübe wird beiseitegenommen, um Verletzungen am Penis oder in der Scheide durch hereinrutschende Haare zu verhindern (bei üppigem oder bei rasiertem Schweif besser bandagieren).

Nach einigen Anstrengungen der vier Beteiligten ist die Paarung endlich vollzogen. Die Stute wurde aber durch den stoßenden Druck des Hengstes nach vorne geschoben, wo sie wegen der Holzwand, die schmerzhaft gegen den Hals drückte, nicht ausweichen konnte. Als der Hengst abstieg, blutete die Stute aus der Scheide.

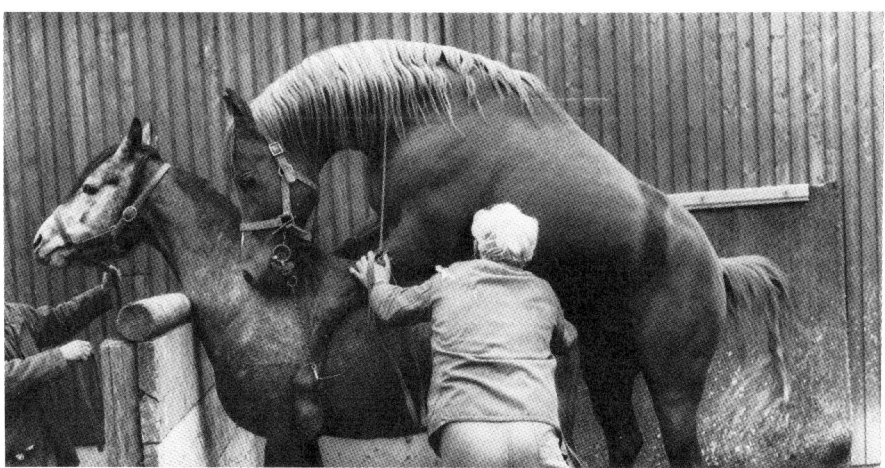

Erste Bedeckung einer Maidenstute

Die Stute provoziert die Aufmerksamkeit des Hengstes, indem sie in seiner Nähe abroßt.

Sobald der Hengst sich für sie interessiert, zeigt sie ihr typisches Rossigkeitsgesicht, senkt die Hinterhand und nimmt den Schweif beiseite.

Der Hengst imponiert hinter der Stute. Er piaffiert, schlägt aufgeregt mit dem Schweif, hat aber noch keine Erektion. Er testet die Bereitschaft der Stute.

Die Stute steht, der Hengst entspannt sich, bekommt eine Erektion und ...

... springt auf.

Unter seinem Gewicht geht die junge Stute einige Schritte vorwärts,
bleibt aber dann ruhig stehen.

Erfolgreiche Bedeckung einer älteren Problemstute

Nach einer gewalttätigen Bedeckung mit Nasenbremse und Spannstricken bei einem anderen Hengst kam diese Stute in der folgenden Decksaison zu uns. Sie war übrigens Maidenstute gewesen und güst geblieben, die Tupferprobe war o. B.

Als die Stute kam, war sie nicht in der Rosse. Damit sie sich an den Hengst gewöhnen sollte, ließen wir beide einfach auf die Koppel. Nach einigen Tagen zeigt sich die beginnende Rosse.

Der Ausdruck der Stute ist wach und interessiert, sie ist aber noch nicht paarungsbereit.

Auf das Werben des Hengstes reagiert sie betont gelangweilt und frißt weiter.

Als der Hengst seitlich (um sich nicht verletzen zu lassen) aufspringen will, reagiert sie aggressiv, woraufhin er noch abwartet.

Am nächsten Tag ist es soweit. Sie läßt sich decken. Ein Helfer hält den buschigen Schweif zur Seite.

Die Stute weicht kaum nach vorne aus, sie steht entspannt und ist,
wie sich später erweist, tragend geworden.

Die nach erfolgreicher Bedeckung am Vortag schon deutlich uninteressierte Stute wird an den Hengst herangeführt. Ihr Gesicht und die Körperhaltung drücken Ablehnung aus.

Losgelassen wirbelt sie herum, schlägt abweisend mit dem Schweif und keilt verhalten aus. Ihre Nüstern sind kraus, die Zähne gebleckt und die Augen verdreht.
Der Hengst wirft den Kopf hoch, um einem möglichen Treffer der Stute zu entgehen. Er hat die Körpersprache der Stute verstanden, die mit ihrem Fohlen das Weite sucht. Der Helfer mit Gerte, für unkontrollierte Keilereien gedacht, ist bisher immer überflüssig gewesen.

Die Trächtigkeit

Während dieser rund elf Monate (320 bis 355 Tage) wird das Fohlen im Mutterleib zu einem fix und fertigen Lebewesen herangebildet, das bereits kurze Zeit nach der Geburt seiner Mutter überall hin folgen kann. Damit gehört das Pferd zu den Nestflüchtern, während der Hund beispielsweise zu den Nesthockern zählt und die ersten Wochen seines Daseins blind, taub und nahezu unbeweglich bei seiner Mutter an einem festen Platz verbringt.

Das eine Fohlen, das die Pferdestute nach relativ sehr langer Tragezeit zur Welt bringt, ist optimal an das Überleben in freier Wildbahn angepaßt. Zwillingsgeburten sind sehr selten, weil der Platz zur guten Entwicklung im Mutterleib nicht ausreicht und die spätere optimale Nahrungsversorgung über die Milch problematisch ist. Bei nur einem Fohlen pro Jahr kann diesem besondere Pflege und Nahrung zuteil werden, so daß seine Überlebenschance sehr hoch ist.

Die Säugezeit dauert rund zehn Monate, und die Mutter kann besonders intensiv auf ihren einzigen Sproß aufpassen, ihn, falls er sich zuweit entfernt, ängstlich herbeirufen, ihn wecken, wenn es weitergehen soll und gegen andere Pferde oder Feinde verteidigen. Die ein- bis zweijährigen Stutfohlen beobachten das Mutter-Kind Verhältnis in ihrem Familienverband und wissen dann auch, wie sie es selbst später machen müssen.

Daher haben isoliert oder gar mit der Flasche aufgezogene Stutfohlen mit ihren eigenen Kindern große Schwierigkeiten und nehmen das erste Fohlen teilweise überhaupt nicht an. Das Verhalten der Stute während der Trächtigkeit ist sehr unterschiedlich. In der Wildbahn hat sie gewöhnlich ihr Saugfohlen neben sich und das nächste im Bauch. Bei guter Futtergrundlage erscheint die Saugbelastung zunächst gering, aber während des Winters, den das Fohlen ohne die eiweiß- und vitaminreiche Muttermilch nicht übersteht, werden die Stuten zusehends magerer. In besonders schweren Fällen kommt es zum Verfohlen, um den Saugfohlen das Überleben zu sichern.

In der Hauspferdezucht werden die Fohlen mit ca. sechs Monaten entwöhnt, in einem Stadium, in dem der neue Embryo der längst wieder trächtigen Stute stärker zu wachsen beginnt. Früheres Entwöhnen ruft psychische Schäden hervor, ebenso die isolierte Aufzucht ohne Spielkameraden.

Im zehnten und elften Monat wächst das Fohlen im Mutterleib rapide, und die Stute hat entsprechende Beschwerden mit der Atmung, wird schwerfällig und träge. Viele Stuten sind gar nicht mehr bereit, sich auf der Weide schneller als im Schritt zu bewegen und haben bei der Geburt eine entsprechend schlechte Kondition. In der Landwirtschaft war es früher üblich, die Stuten bis zum letzten Tag, wenn auch nur leicht, einzuspannen, und die Beduinen ritten ihre Stuten hochtragend in den Kampf. Falls eine Stute im Kampfgetümmel plötzlich abfohlte, so war dies ein heiliger Prozeß, der Stute, Fohlen und Reiter freien Abzug garantierte.

In unseren Breiten ist es üblich, die Stute höchstens bis zu sechs Wochen vor dem Abfohlen zu reiten, gegebenenfalls aber bis wenige Tage vor der Geburt regelmäßig zu fahren. Bewegung in ruhigen Gangarten ist notwendig, um die Durchblutung zu fördern (dicke Beine) und der Stute die Geburt durch gute Kondition zu erleichtern.

Regelmäßige Bewegung, auch im Auslauf (Koppel), beugt Temperamentsausbrüchen mit möglichem Hinfallen vor.

Decktag	Ende der Tragzeit bei 336 Tagen	Decktag	Ende der Tragzeit bei 336 Tagen
1. Januar	2. Dezember	5. Juli *M, 7*	5. Juni
6.	7.	10.	10.
11.	12.	15.	15.
16.	17.	20.	20.
21.	22.	25.	25.
26.	27.	30.	30.
31.	1. Januar	4. August	5. Juli
5. Februar	6.	9.	10.
10.	11.	14.	15.
15.	16.	19.	20.
20.	21.	24.	25.
25.	26.	29.	30.
2. März	31.	3. September	4. August
7.	5. Februar	8.	9.
12.	10.	13.	14.
17.	15.	18.	19.
22.	20.	23.	24.
27.	26.	28.	30.
1. April	2. März	3. Oktober	3. September
6.	7.	8.	8.
11.	12.	13.	13.
16.	17.	18.	18.
21.	22.	23.	23.
26.	27.	28.	29.
1. Mai *M. 5*	1. April	2. November	3. Oktober
6.	6.	7.	8.
11.	11.	12.	13.
16.	16.	17.	18.
21.	21.	22.	23.
26.	26.	27.	29.
31.	1. Mai	2. Dezember	2. November
5. Juni *M. 6*	6.	7.	7.
10.	11.	12.	12.
15.	16.	17.	17.
20.	21.	22.	22.
25.	26.	27.	28.
30.	31.	31.	1. Dezember

Trächtigkeitsdauer

Die allgemein gültige Trächtigkeitsdauer variiert, wie schon gesagt, zwischen 320 bis 355 Tagen. Während dieser Zeitspanne fohlen etwa 95% aller Stuten, dagegen halten sich nur 15% an den errechneten Termin von 335 Tagen. Je günstiger Haltungs- und Ernährungsverhältnisse sind, desto eher wird die Dauer der Tragezeit verkürzt.

Ausgelaugtes Heu, Hafer mit kleinem Korn, fehlende Vitamine und Spurenelemente und ausschließliche Stallhaltung können schlimmstenfalls zum Verfohlen führen, bedingen aber oft verlängerte Tragezeiten bis zu einem Jahr. Nicht die Futtermenge, sondern die optimale Qualität, grünes duftendes Heu, einwandfreier Hafer, gutes Pferdefertigfutter und eine Vitamin-Mineralstoffvormischung ist ebenso bedeutend wie ausreichende Bewegung an frischer Luft auch im Winter.

Das Verhalten der tragenden Stute

Tragende Stuten nehmen etwa ab dem fünften bis siebenten Monat an Bauchumfang zu. Die meisten werden vom frühen Stadium der Trächtigkeit an ruhiger und gesetzter, ihr Lauf- und Spielbedürfnis ist reduziert, und sie bewegen sich je nach Temperament lediglich in Ausnahmefällen in schnelleren Gangarten. Proportional zum Wachstum der Frucht steigt die Futtermenge. Im letzten Drittel der Trächtigkeit verändert sich das Trinkverhalten. Kaltes Wasser wird nur noch zögernd aufgenommen, da es ein Zusammenzucken des nun stark wachsenden Fohlens zur Folge hat.

Strampelnde Bewegungen im Mutterleib deuten auf eine gute Entwicklung des Fohlens hin. Ausgiebiges Wälzen auf der Weide ist ihr ein Wohlbehagen. Verwicklungen des Fohlens mit der Nabelschnur sind unglückliche Zufälle, haben aber mit dem Wälzen nichts zu tun.

Aussagekräftig für die Geschlechtsbestimmung des sich entwickelnden Fohlens ist folgender Versuch: Man gebe zu den tragenden Stuten (zweite Hälfte der Trächtigkeit) eine ungedeckte, rossige Jungstute. Die Stuten, die ein Stutfohlen tragen, werden ruhig weiterfressen und

sich fast gar nicht um die rossige Stute kümmern. Aber die mit einem Hengstfohlen im Bauch werden die Stute treiben und verjagen. Ihr aggressives Verhalten wird wahrscheinlich durch die männlichen Hormone des Embryos bestimmt (vgl. M. Schäfer: Die Sprache des Pferdes).

Anzeichen der bevorstehenden Geburt

Die Geburt des Fohlens ist der ersehnte Zeitpunkt jedes Züchters. Er wird voller Ungeduld erwartet und gewöhnlich doch verpaßt, weil die Geburtsanzeichen meist sehr undeutlich sind. Außerdem ist es der Stute möglich, die Geburt zu verzögern, wenn sie sich durch anwesende Menschen gestört fühlt. Wieviele Züchter haben nächtelang gewacht, und als sie kurz den Stall verließen, ist es geschehen. Wie gesagt, es geht sehr schnell, und das hat auch seinen Grund, denn die wildlebende Stute ist ihren Feinden während der Geburt schutzlos ausgeliefert. Gegen Ende der Trächtigkeit werden bestimmte Hormone ausgeschüttet, die eine Veränderung der Geburtswege bewirken. Die Weichteile des Beckens und der Scham lockern sich und werden gut durchsaftet. Mit der Schwellung der Scham und der Verbreiterung und Verlagerung des Dammes kommt es zu einer Erschlaffung und Vergrößerung der Schamspalte. Durch die Erschlaffung des Gewebes wird ein bestimmter Schleim abgesondert. Muskeln und Bänder zu beiden Seiten des Schweifansatzes fallen ein.

Das Euter fängt ca. acht bis eine Woche vor der Geburt an zu wachsen und wird am Tag vor der Geburt steinhart und prall gefüllt, während es zuvor noch weich und

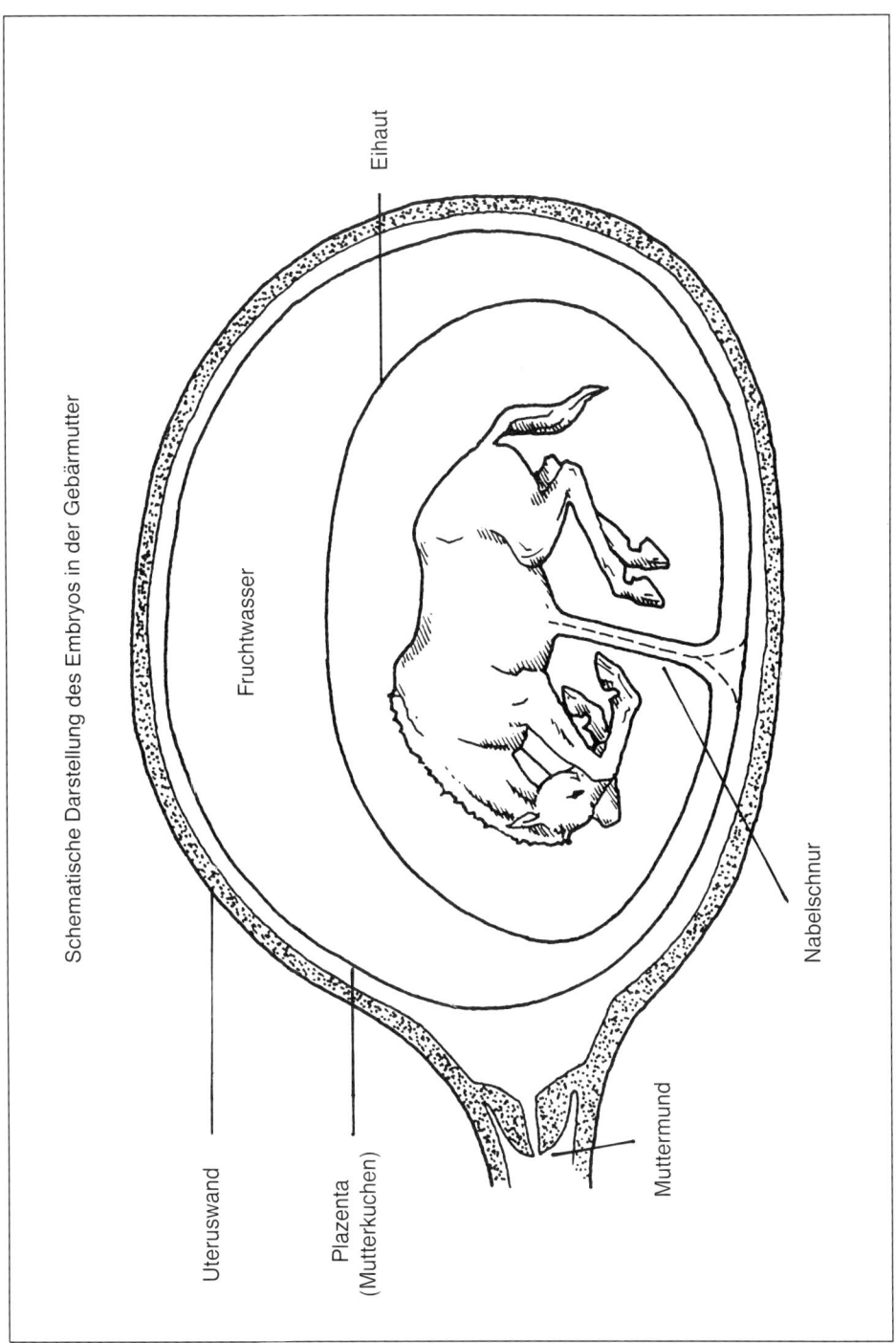

Schematische Darstellung des Embryos in der Gebärmutter

Eihaut

Fruchtwasser

Nabelschnur

Uteruswand

Plazenta
(Mutterkuchen)

Muttermund

faltig war. Die Milchdrüse produziert schon Kolostralmilch, die etwa 36 Stunden vor der Geburt, manchmal auch erst unmittelbar davor, tröpfchenweise austritt und eingetrocknet wie durchsichtiges gelbes Baumharz aussieht.

Harztröpfchen sind für den Züchter also das Signal. Es gibt aber Ausnahmen, Stuten, die bereits einige Tage vor der Geburt harzen oder sogar die Milch regelrecht laufen lassen, so daß ein Teil der wertvollen Kolostralmilch, die wichtige Schutz- und Abwehrstoffe für das Fohlen enthält, verlorengeht. Andere Stuten zeigen so geringe Anzeichen, daß man von Glück sagen kann, wenn man überhaupt ein Tröpfchen von der Größe eines Stecknadelkopfes hängen sieht.

Hierzu gehören insbesondere Maiden- und Ponystuten, die teilweise weder Harztröpfchen noch Milchabsonderung zeigen, und bei denen die Entwicklung des Euters manchmal erst nach der Geburt einsetzt.

Weil der Geburtstermin so schwer zu bestimmen und zu erkennen ist, sollte die Stute mindestens eine Woche vor dem errechneten Durchschnittstermin (335 Tage) in eine große Abfohlbox verstellt werden, die besonders rein gehalten und dick mit Stroh gestreut wird. Die Ecken und Wände sollen erhöht mit Stroh gepolstert sein, damit die Stute sich in eine Art Nest in der Mitte des Stalles legt und ihr Fohlen nicht gegen die Wand preßt. Daß keinerlei scharfe Kanten, Nägel oder ähnliches als Verletzungsgefahr für das anfangs recht unsicher auf seinen Beinchen stehende Fohlen herausragen dürfen, versteht sich von selbst.

Die Box kann eigentlich gar nicht groß genug sein, da Pferde nicht darauf programmiert sind, in engen Platzverhältnissen zu gebären, denn in der Natur sind Beschränkungen auch nicht gegeben. Dabei ist es am unproblematischsten, den Geburtstermin in den Zeitraum Mai – Juli zu verlegen und die Stute auf einer Weide mit Schutzhütte abfohlen zu lassen.

Um das Fohlen in die richtige Geburtslage zu bringen, wälzt sich die Stute, steht auf, geht umher, legt sich wieder und preßt erneut. Trotzdem ist es leider nicht auszurotten, daß manche Stuten zur Geburt angebunden werden. Die letzte, mich völlig niederschmetternde Erklärung eines Landwirts auf die Frage, warum er die Stute während der Trächtigkeit im Laufstall umhergehen ließ, einige Tage vor der Geburt jedoch festband, lautete hier ausnahmsweise nicht: »Das haben wir schon immer so gemacht«, sondern: »Wenn die Stute ein Fohlen hat, ist sie meistens giftig, und man kann nicht mehr zu ihr gehen, geschweige denn das Geschlecht des Fohlens untersuchen. Wenn sie aber angebunden liegt, habe ich sie unter Kontrolle. Sobald das Fohlen da ist, wird die Stute noch kürzer gebunden, damit sie nicht aufsteht, sondern das nach vorne geschleifte Fohlen erst mal ableckt. Erst danach wird sie losgebunden.«

Um den Termin nicht zu verpassen, saß er nächtelang in der Stutenbox, das Fohlen wurde aber in seiner Abwesenheit tagsüber geboren. Dabei hatte die Stute sich zunächst losgerissen, ausgiebig gewälzt und ihr Fohlen allein, lose und komplikationslos geboren. Sie schirmte ihr Fohlen zwar gegen Fremde ab, ließ aber den Besitzer ohne weiteres heran. Wie gefährlich das Anbinden aber für die Geburt und die Mutter-Kind-Beziehung sein kann, darauf komme ich noch zu sprechen. Es ist z. B. möglich, daß die Stute die Geburt verzögert und der Geburtsablauf für das Fohlen u. U. tödlich endet.

Ursachen des Geburtseintritts

Es ist immer wieder verwunderlich, wieso ein Fohlen ausgerechnet zu einem bestimmten Zeitpunkt geboren wird und warum nicht früher oder später. Wodurch wird die Geburt überhaupt ausgelöst? Bisher bestand die Ansicht, daß die Ursache des Geburtseintritts von einem speziellen hormonellen Verhältnis (Progesteron zu Östrogen) abhängig ist.

Bei Geburtsstörungen kann man Östrogen spritzen, wodurch eine günstige Beeinflussung entsteht, da es eine Weitung der Geburtswege verursacht. Gegen Ende der Trächtigkeit bedingt ein Östrogengewicht die Ausschüttung des in der Hirnanhangdrüse gebildeten wehenauslösenden Oxytozins. Überwiegt der Gegenspieler des Östrogens, Progesteron, so kann sich der Geburtseintritt verzögern. Ein vorzeitiger Östrogenüberschuß kann eine Fehl- oder Frühgeburt bewirken.

Auch das schon zur Unterstützung der Rosse verwendet Prostaglandin soll zumindest eine die Geburt unterstützende Wirkung haben, da es Muskelkontraktionen, z. B. an der Gebärmutterwand, bewirkt. Auffallend ist, daß die meisten Geburten während der Nacht stattfinden oder zumindest beginnen, was durch den langsameren Abbau der Hypophysenhinterlappenhormone (Hormone des Hinterlappens der Hirnanhangdrüse) und der damit intensiveren und konstanteren Wirkung zu erklären ist.

Außerdem wird die Stute weniger durch äußere Einflüsse gestört. Sie ist aber für Notfälle in der Lage, die Geburt zu verschieben. Das ist in der Wildbahn sehr von Nutzen, damit die Gebärende nicht Opfer eines in der Nähe weilenden Raubtieres wird oder Wetterunbilden dem Fohlen schaden können.

Nun ist der anwesende Mensch zwar kein Raubtier, aber er stört trotzdem in dem gleichen Maße, wie dicht dabeistehende Pferde in der Herde stören. Die Stute will allein sein, damit die Prägung, die später noch genauer beschrieben wird, ungestört ablaufen kann. Nicht der Mensch soll den ersten Kontakt mit dem Fohlen aufnehmen, sondern die Mutter.

Im großen und ganzen laufen 95% aller Geburten beim Pferd von selbst und ohne Probleme ab. Störungsfaktor wird erst der Mensch, der Mutter und Kind nicht in einigem Abstand beobachtend in Ruhe lassen kann.

Muß man die Geburt aber aus irgendeinem Grund beobachten, so empfiehlt sich eine einfache Gegensprechanlage. Dabei wird ein Gerät im unmittelbaren Umfeld der Stute aufgestellt oder festgebunden, darf vom Pferd aber keinesfalls erreicht werden, da es an Wechselstrom angeschlossen ist. Das zweite Gerät steht in einem Nebenraum oder im Wohnhaus.

Nun kann man alle Geräusche wahrnehmen und nach kurzer Zeit Fressen, ruhiges Umhergehen, Wälzen, aufgeregte Bewegung und die Atmung unterscheiden. Dabei ist auffällig zu hören, daß die Liegezeiten eine halbe Stunde selten überschreiten und die meiste Zeit am Stroh herumgeknabbert wird. Die Geburt beginnt, wenn die Stute sich zunächst wälzt, dann liegt und dabei langsame, stöhnende Atemzüge macht. Herausschießendes Fruchtwasser hört sich an, als sei ein Eimer Wasser mit Schwung ins Stroh gekippt worden.

Die meisten Stuten schwitzen kurz vor der Geburt, und es gibt einen besonderen Sender, der im Fachgeschäft erhältlich ist, an die Brust geschnallt wird und auf Feuchtigkeit ein entsprechendes Signal gibt.

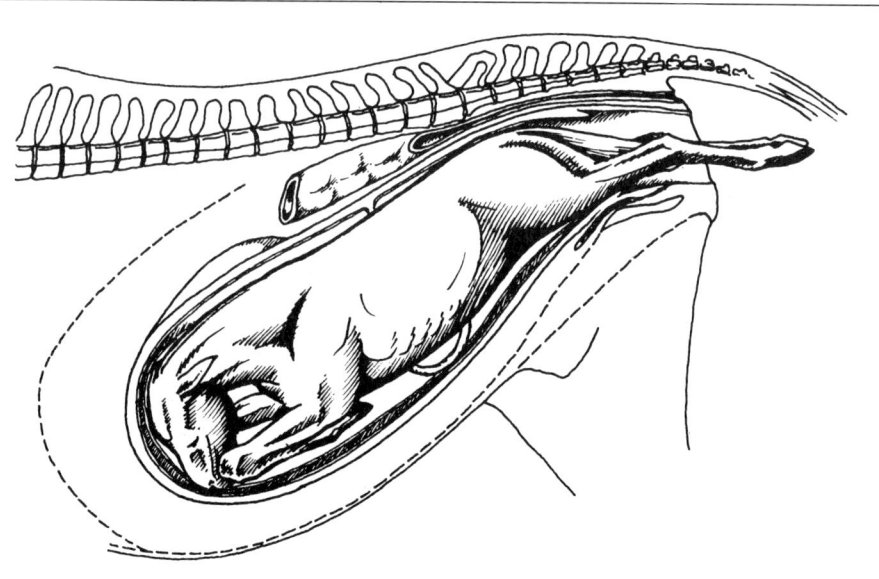

Das Fohlen befindet sich in Beckenendlage, die obere Stellung ist – nach dem Platzen der Fruchtblase – bereits im Austreibungsstadium. Die Fußsohlen der Hinterfüße zeigen nach oben! Sofort Tierarzt rufen!

Als dritte Möglichkeit für die Geburtsüberwachung ist die Aufnahme durch ein Videogerät, das über das Fernsehgerät das Programm »Erwartung der Geburt bei der Stute x« sendet. Man kann dem Stall dazu mit einer Rotlichtlampe ein gedämpftes Licht geben, weil die Stute sich durch gleißende Neonröhren gestört fühlt. Nachtwachen in der Nähe der Stute sind ungünstig, da die Tiere meistens versuchen, die Geburt zu verzögern. 95% aller Geburten verlaufen problemlos, und 95% der Stuten würden sich nach der Geburt auch normal verhalten, wenn der Mensch sich mehr zurückhielte, doch davon später.

Beginnen wir beim Üblichen, beim Normalzustand. Die Geburt beim gesunden Pferd verläuft sehr leicht, weil die anatomischen Voraussetzungen günstig sind.

Gebärmutter, Muttermund und Scheidenausgang sind weitgehend dehnbar, und das knöcherne Becken hat einen kreisförmigen Eingang, durch den das Fohlen leicht gleiten kann. Als extremes Gegenbeispiel ist es z. B. dem französischen Bullterrier kaum mehr möglich, seine Jungen auf natürlichem Weg zur Welt zu bringen, weil die Köpfe der Welpen zu breit für die Geburtswege der Hündin sind.

Unter dem Prinzip der natürlichen Auslese wären diese Tiere bereits bis auf wenige mit schmaleren Köpfen ausgestorben. Der Mensch züchtet aber mehr nach ästhetischen und finanziellen Gesichtspunkten als nach für das Tier sinnvollen.

Doch zurück zur Stute. Trotz der günstigen Bedingungen des Beckens ist die

Geburt auch hier mit einigen Anstrengungen und Schmerzen verbunden. Sobald der Geburtsvorgang eingesetzt hat, preßt die Stute mit Leibeskräften. Das kann schiefgehen, wenn das Fohlen falsch liegt.

Das beste und sicherste Zeichen für die normal verlaufende Geburt sind die nach vorwärts abwärts zeigenden Fußsohlen des Fohlens. Liegt die Sohle nach oben, muß die Geburt sofort unterbrochen werden. In aller Eile wird der Tierarzt herbeigerufen, die Stute zum Aufstehen veranlaßt und mit den Hinterbeinen erhöht (Mist, Stroh) gestellt. Man kann versuchen, das Fohlen mit frisch gewaschenen Händen (Sagrotan!) wieder zurückzuschieben und die Geburt anzuhalten, bis ein Arzt das Fohlen im Mutterleib in die richtige Lage gedreht hat. Normalerweise liegt das Fohlen aber richtig, da es sich vor der Geburt im Mutterleib dreht.

Die Geburt

Eröffnungs-, Austreibungs- und Nachgeburtsstadium

Während des Eröffnungsstadiums öffnet sich der bisher weitgehend geschlossene Muttermund. Dabei kontraktiert sich die Gebärmutter zunächst nur leicht, das Fohlen wird in die richtige Lage gebracht. Die Wehen steigern sich, die Stute ist unruhig, wälzt sich, setzt Kot und Harn in vielen kleinen Mengen ab und bereitet sich so vor. In der Regel liegt das Fohlen im Mutterleib auf dem Rücken und wird während des Eröffnungsstadiums in Anpassung an das mütterliche Becken in die sogenannte Kopflage gedreht.

Diese Achsdrehung des Fohlens wird notwendig, weil die Frucht während der Trächtigkeit, dem anatomischen Bau der Gebärmutter entsprechend, nur auf dem Rücken liegen kann. Die Drehung vollzieht sich auch nicht spontan, sondern allmählich und ist nur durch die s-förmig gekrümmte Achse der Gebärmutter möglich. Beim größten Teil der Stuten liegt der Kopf des Fohlens auf den im Geburtskanal lang ausgestreckten Vorderbeinen.

Mit dem Austreibungsstadium ist die Phase gemeint, in der das Fohlen geboren wird. Zunächst erscheint die Wasserblase, die den Geburtsweg erweitert und damit den Durchtritt des Fohlens erleichtert. Nach dem Platzen der Wasserblase tritt meistens eine kleine Pause ein, nach der sich die Austreibungswehen verstärken. Mit den Austreibungswehen wird das Fohlen aus den Geburtswegen herausgepreßt, sein Kopf liegt dabei meist auf den Vorderbeinen, die Beine sind leicht versetzt, damit sich der breite Schultergürtel verschieben kann, um den Durchtritt zu erleichtern. Während dieser Phase liegt die Stute fast stets flach auf der Seite.

Lebensfähige, gesunde Fohlen zappeln bereits, wenn sie zu zwei Drittel aus dem Geburtskanal herausgepreßt sind. Dabei öffnen sie die für Einhufer charakteristisch derbe Embryonalhülle und können mit der Atmung beginnen. Fohlen, die ihre Eihaut nicht zerreißen, können leicht ersticken. Deshalb deutet ein im Tragsack verendetes Fohlen immer auf ein lebensschwaches Tier hin.

Im Nachgeburtsstadium wird die Nachgeburt herausgepreßt. Dies sollte innerhalb von einer bis sechs Stunden nach der Geburt geschehen, da sonst Vergiftungserscheinungen auftreten können, die sich unangenehm, unter Umständen tödlich verlaufend, in der sogenannten Nachgeburtsrehe zeigen.

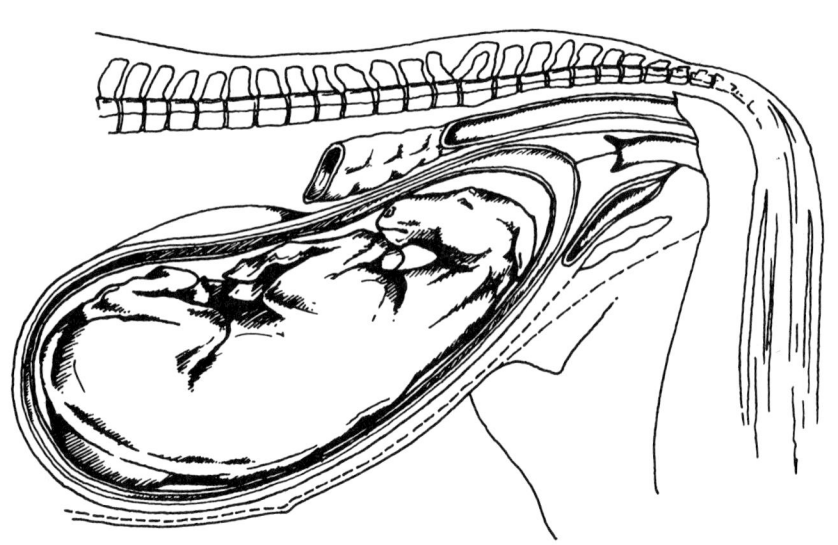

Lage des Fohlens während des überwiegenden Zeitraums der Trächtigkeit bis zum Einsetzen der Eröffnungswehen in der Gebärmutter

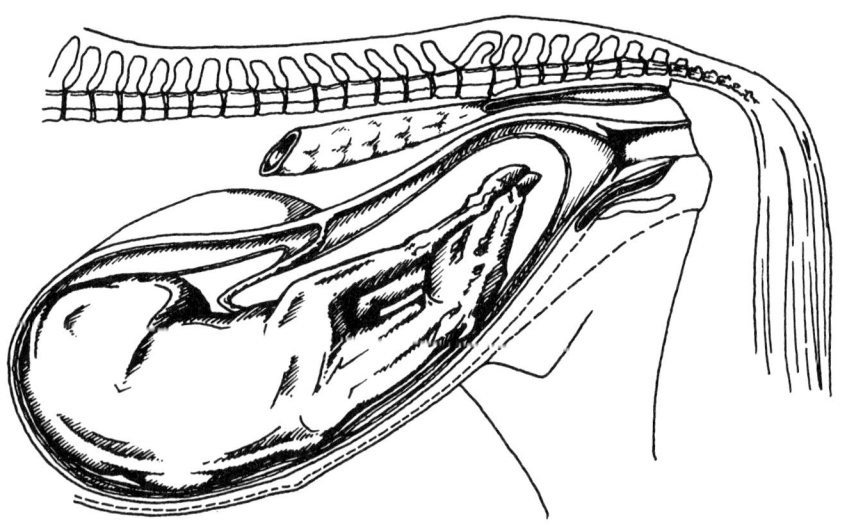

Veränderung der Lage des Fohlens bei Beginn der Eröffnungswehen

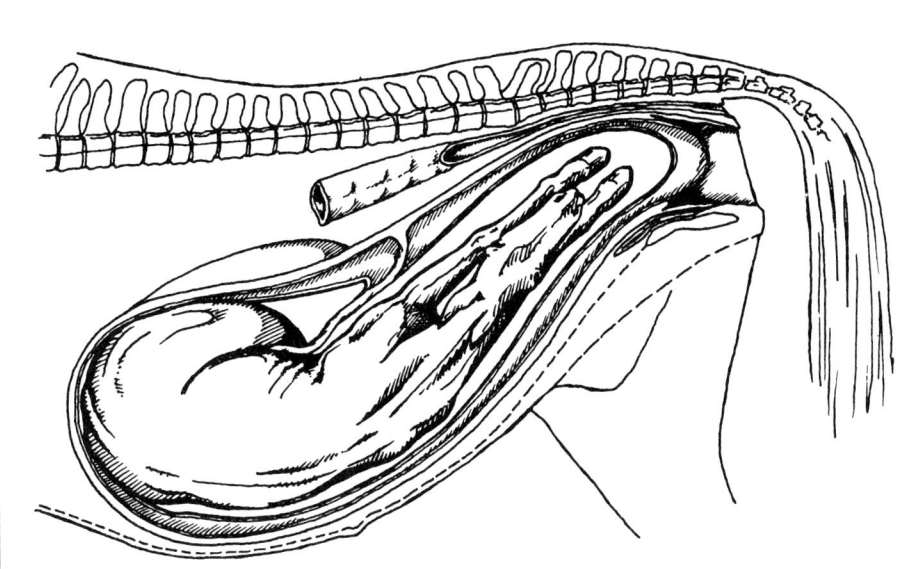

Das Fohlen hat sich gedreht

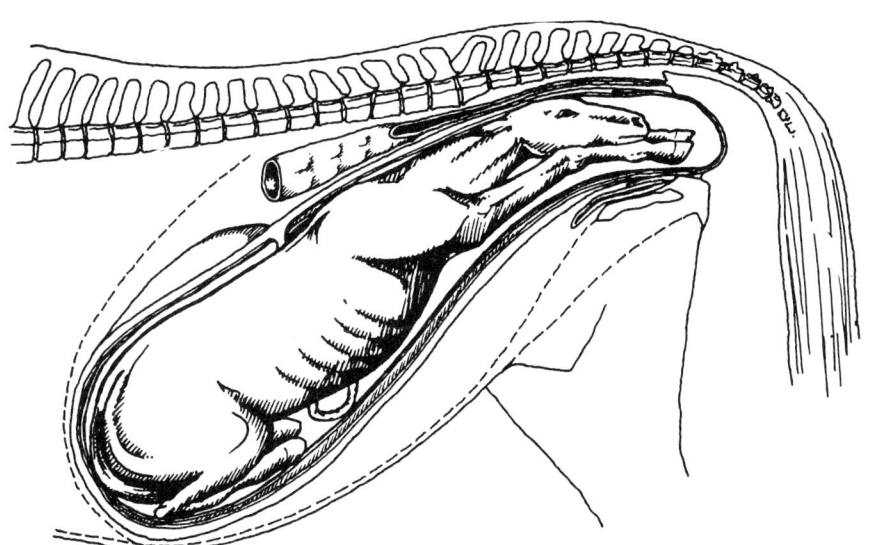

Das Fohlen befindet sich in der richtigen Geburtslage – die Fruchtblase ist bereits von außen zu sehen

Eine ganz normale Geburt

Auf den folgenden Seiten sind Fotos von der Geburt eines Haflingerfohlens zu sehen. Sie erfolgte in der Nacht vom 3. zum 4. April 1978. Man kann sie insofern als normal bezeichnen, als keine menschliche Hilfe notwendig gewesen wäre. So ist beispielsweise das Herausziehen des Fohlens aus dem Geburtsweg nur dann notwendig, wenn der Mutter die entsprechende Kraft fehlt. Ansonsten kann durch festes Ziehen im falschen Moment, z. B. während der Wehenpause, mehr Schaden als Nutzen entstehen.

Um die Geburt überhaupt miterleben zu können, vor allem, um sie zu fotografieren, hatten wir bereits zehn Tage abwechselnd im Stall gewacht. Dies erwies sich als sehr anstrengend und beschränkte sich in der Nacht, als die Stute schließlich abfohlte, auf gelegentliches Nachsehen. Wir hatten die Geburt eigentlich noch nicht erwartet, weil die Stute das gleiche Verhalten zeigte, wie an den Tagen zuvor. Die Harztröpfchen, die geradezu winzig am Abend für fünf Minuten zu sehen waren, wollten wir nicht als sicheres Geburtsanzeichen werten.

Es ist wahrscheinlich, daß die Stute sich durch unsere dauernde Anwesenheit gestört gefühlt hatte und die Geburt deshalb verzögerte, die gelegentlichen Kontrollen beunruhigten sie nicht weiter. Gegen 23.00 Uhr begann die Geburt, zu der ich ganz zufällig dazukam.

Obwohl Stuten über einen anatomisch günstigen Geburtsweg verfügen, ist die Geburt für Mutter und Kind durchaus schmerzhaft und anstrengend. Natürlich gebären Stuten, die viel Bewegung haben und damit über eine bessere Kondition verfügen, wesentlich leichter als solche in schlechtem oder zu gutem Futterstand und mangelhaftem Auslauf.

Die fotografierte Haflingerstute erwartete ihr fünftes Fohlen in einem Alter von zehn Jahren. Sie war in guter Kondition. Probleme ergaben sich lediglich durch die Umgebung. Sie legte sich beispielsweise zunächst sehr ungünstig mit dem Hinterteil gegen eine Ecke, obwohl die Box reichhaltig und nestartig eingestreut war. Während der Entwicklung des Pferdes ist eben eine räumliche Begrenzung des Geburtsplatzes auf z. B. 4 × 4 m nicht vorgesehen. Auch fotografierende Menschen, auch wenn das Pferd sie gut kennt, sind eine nicht zu unterschätzende Belastung.

Unnatürlich ist auch die Einstreu, Stroh ist zwar besser als panierendes Sägemehl, aber gegenüber einer sonnenbeschienenen, sauberen Wiese voller Bakterien. Daraus resultieren Vorkehrungen zur Nabeldesinfektion beim Fohlen, die in der freien Natur überflüssig sind.

Das Abbinden des Nabels ist unnötig, weil er von selbst beim Aufstehen der Stute an der dafür vorgesehenen Stelle etwa eine handbreit unterhalb der Bauchdecke abreißt. Eine Nabeldesinfektion ist dagegen schon angebrachter, weil das Fohlen einer starken bakteriellen Invasion von der Einstreu über den Nabel recht schutzlos gegenübersteht. Deshalb empfiehlt es sich, den Stumpf direkt in ein

19.20 Uhr, am 3. 4. 1978: Die Stute hat sich hingelegt, am Euter sind stecknadelkopfgroße Harztröpfchen mühsam sichtbar. Die Stute wirkt angestrengt.

0.23 Uhr, am 4. 4. 1978: Die Fruchtblase ist sichtbar. Die Stute steht, ist aber auffallend unruhig und setzt kleine Mengen Fruchtwasser ab.

0.31 Uhr: Die Stute hat sich zunächst auf die rechte Seite gelegt. Eine Wehenpause tritt ein. Die Eröffnungswehen, die den Muttermund öffnen und damit den Eintritt des Fohlens in das Becken ermöglichen, sind beendet. Die Austreibungswehen beginnen, ein Schwall Fruchtwasser ergießt sich ins Stroh.

0.33 Uhr: Die Stute wälzt sich herum und verhilft dadurch dem Fohlen in die endgültig richtige Lage. Sie bleibt während der Geburt auf der linken Seite liegen. Der erste Huf tritt aus.

0.34 Uhr: Der rechte Vorderfuß ist zur Hälfte geboren, der linke tritt gerade heraus. Die Hufsohlen zeigen nach vorwärts abwärts, die Lage des Fohlens stimmt also.

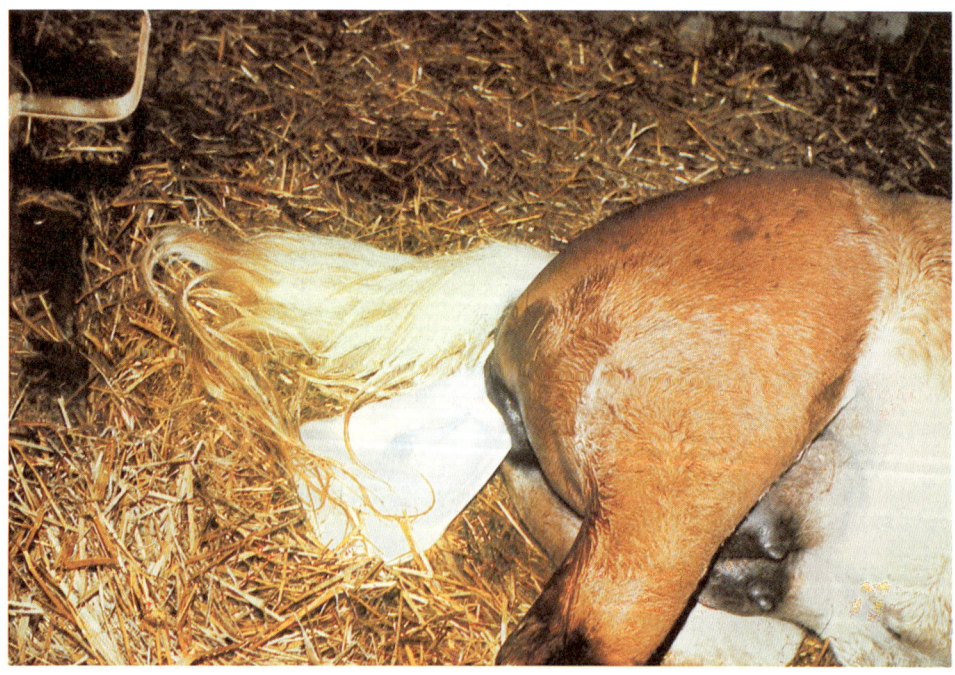

0.35 Uhr: Der Kopf tritt durch, die Stute kotet, weil das austretende Fohlen am Enddarm entlangdrückt.

Gut zu erkennen sind die überlangen Hufe, die im vorderen Fünftel aus ganz weichem, lamellenartigen Horn bestehen. Auf diese Weise kann der Geburtsweg nicht verletzt werden.

0.36 Uhr: Ein Helfer erfaßt zunächst das linke, dann auch noch das rechte Vorderbein und beschleunigt durch leichten Zug während der Wehen die Austreibung des Fohlens (wäre in diesem Fall nicht nötig gewesen und kann auch in der Regel unterbleiben).

0.37 Uhr: Der Schultergürtel ist frei. Das Fohlen wirkt leblos. Die Anstrengung, die die Geburt für das Fohlen bedeutet, ist nicht zu unterschätzen.

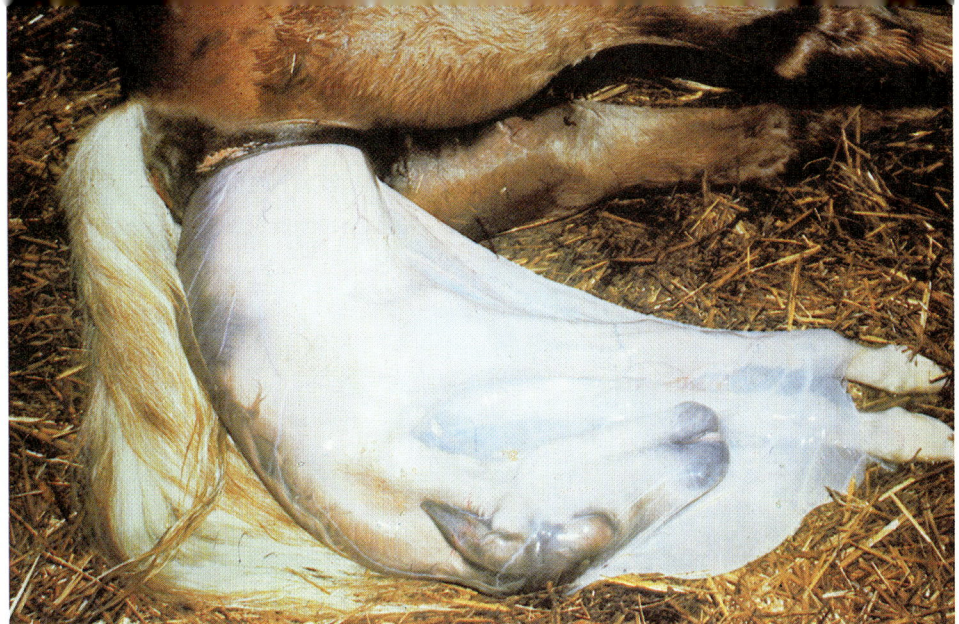

0.38 Uhr: Die ersten Bewegungen des Fohlens setzen ein. Dadurch reißt die Eihaut um die Vorderhufe herum auf.

0.39 Uhr: Durch weiteres Strampeln wird der Kopf frei. Das Fohlen kann atmen. Es spuckt das Fohlenbrot aus – es verhindert ein Eindringen von Fruchtwasser in die Lunge. Die Hinterbeine stecken noch im Geburtsweg, die Nabelschnur ist noch intakt und versorgt das Fohlen mit einer notwendigen zusätzlichen Blutmenge.

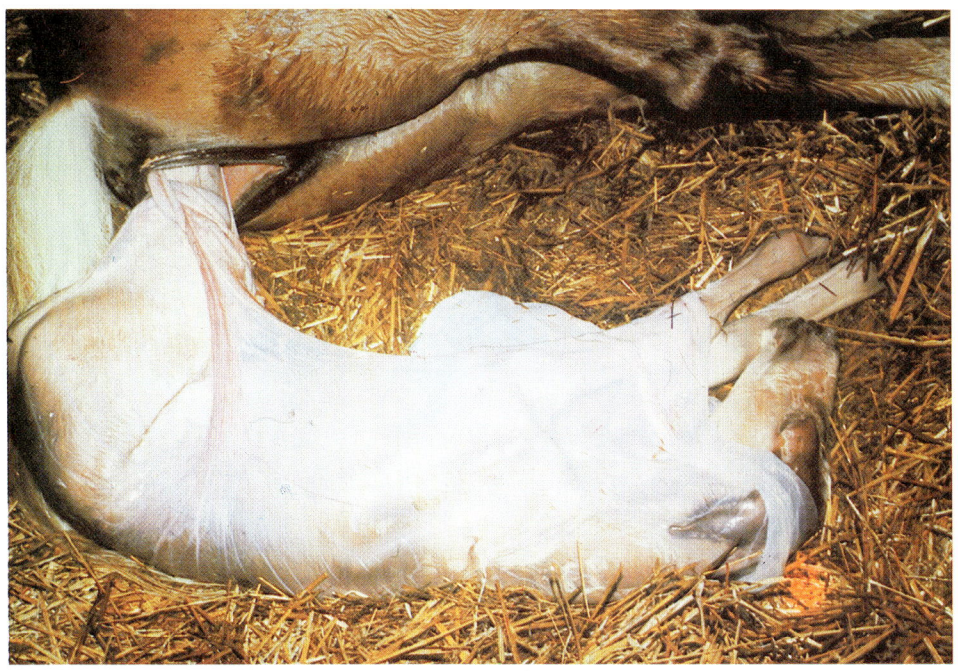

▽ 0.42 Uhr: Der Geruch des Fohlens läßt die Stute flehmen.

△ 0.40 Uhr: Die Stute ist aufgestanden und hat dadurch die Eihaut vom Fohlen weggezogen. Die Nabelschnur reißt an der dafür vorgesehenen Stelle etwa eine Handbreit unterhalb der Bauchdecke ab. Die Stute beleckt ihr Fohlen, die Geruchsprägung findet statt.

▽ 0.45 Uhr: Kontaktaufnahme.

▽ 0.47 Uhr: Die Zunge der Mutter hat Massagewirkung und regt den Kreislauf des Fohlens an.

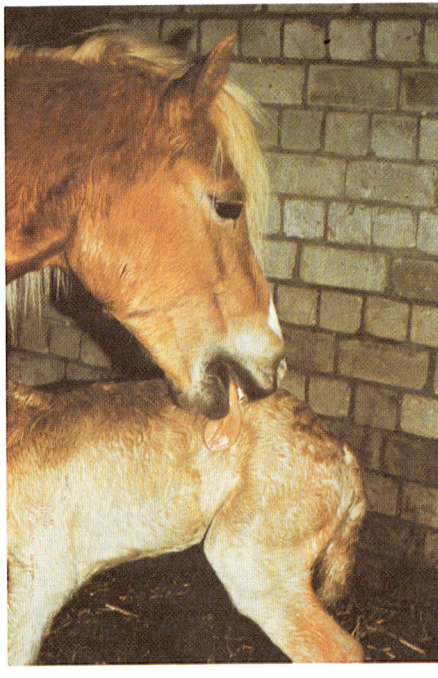

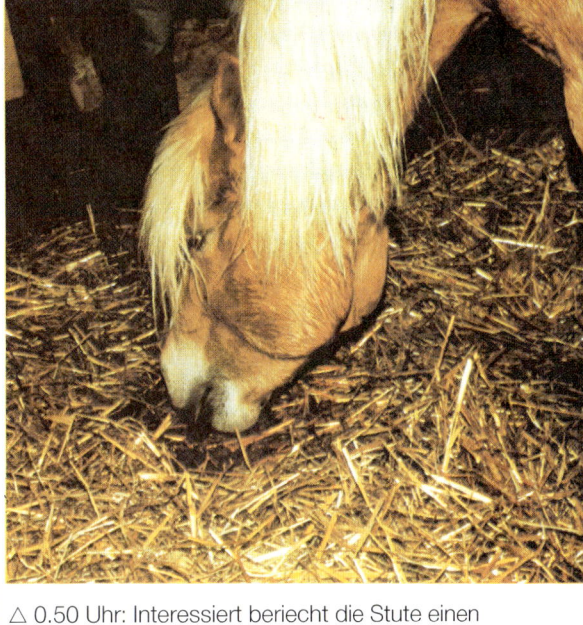

△ 0.50 Uhr: Interessiert beriecht die Stute einen Blutfleck, der durch das Abreißen der Nabelschnur entstanden ist, obwohl sich Pferde vor Blut eigentlich ekeln.

▽ 0.55 Uhr: Die Nachgeburt hängt heraus. Es ist ratsam, sie hochzubinden, damit die Stute nicht darauf tritt und sie abreißt, bevor sie sich vollständig von der Gebärmutterwand gelöst hat.

▽ 1.00 Uhr: Die Nachgeburt ist abgefallen. Die Stute knabbert daran und frißt einen geringen Teil, wahrscheinlich, um sich die darin enthaltenen Hormone, die die Milchproduktion anregen, zuzuführen.

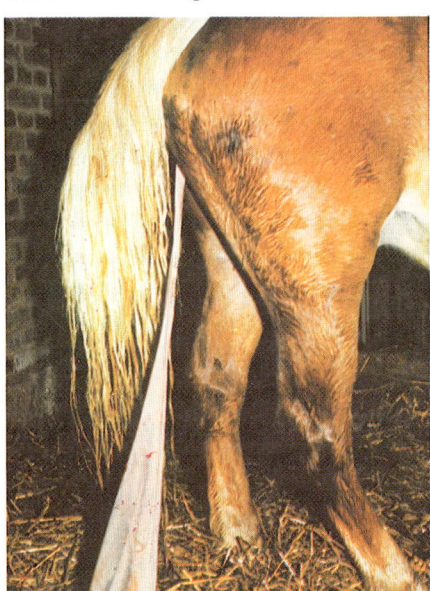

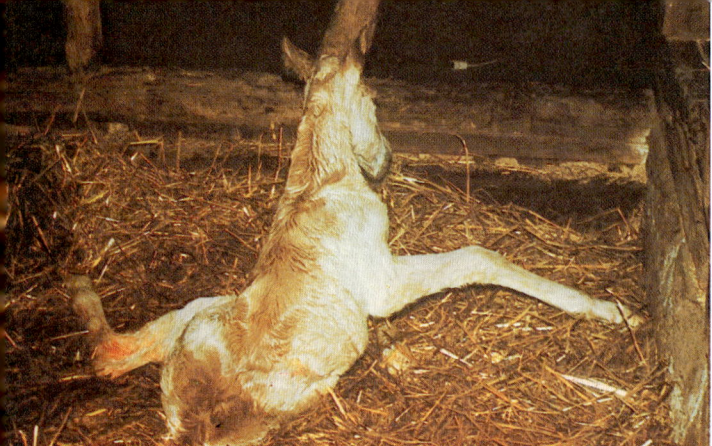

1.10 Uhr: Unge-
schickte, aber hart-
näckige Aufsteh-
versuche.

1.15 Uhr: Dem
Fohlen ist die Su-
che nach einem
dachförmigen Win-
kel, hinter dem
sich die Milchzit-
zen befinden, an-
geboren. Dabei
wird es nicht im-
mer gleich fündig.

1.17 Uhr: Das
Fohlen trinkt.

Schnapsgläschen mit Jod zu tauchen oder desinfizierenden Puder darüber zu stäuben (nicht mit den Händen anfassen!). Diverse Sprays sind ungeeignet, weil sie fürchterlich stinken und dabei die Geruchsprägung, auf die ich später noch einmal zu sprechen komme, stören.

Meistens steht die Stute, wie in diesem Fall, direkt nach der Geburt auf und zieht dadurch die Eihaut vom Fohlen weg. Stuten, die noch kein Fohlen hatten, stehen ihrem Nachwuchs oft noch etwas ungläubig gegenüber und wissen zunächst nicht, was sie mit ihm anfangen sollen. Erfahrene Stuten belecken und beknabbern ihr Kind sofort. Dies dient weniger einem Trockenlecken, sondern der geruchlichen und geschmacklichen Orientierung, und es hat eine kreislaufanregende Wirkung für das Fohlen.

Hengste flehmen regelmäßig nach der normalen Untersuchung von Kot und Harnstellen und nach dem Beriechen der Geschlechtsorgane rossiger Stuten. Bei Stuten tritt das Flehmen weniger oft auf.

In der Mutter-Kind-Beziehung wird neben dem mütterlichen Belecken schon sehr früh ein stimmlicher Kontakt aufgenommen, indem die Stute mit ganz spezifisch zärtlichen, nur in dieser Zeit verwandten Lauten auf das helle Gewieher des Fohlens antwortet, ja es sogar zur Lautäußerung zu ermuntern scheint, um sich seine Stimme einzuprägen und von anderen Fohlenstimmen unterscheiden zu können.

Spätestens zu diesem Zeitpunkt macht das Fohlen seine ersten Aufstehversuche, bei denen es zunächst immer wieder ins Stroh zurückpurzelt. Wenn es gesund und kräftig ist, wie unseres, wird es nicht aufgeben, bis es die Milchquelle erreicht hat. Dazu ist dem Fohlen die Suche nach einem dachförmigen Winkel, hinter dem sich das Euter befindet, angeboren. Oft wird zunächst die gesamte Brust-Bauch-Region, der Sitz der vielzitzigen Milchleiste, die heute noch bei verschiedenen Säugetieren mit größerer Wurfzahl (Hund, Katze, Schwein u. a. m.) vorhanden ist, abgesucht, bis die richtige Stelle, der Winkel zwischen Hinterbein und Bauchdecke, gefunden ist.

Das Fohlen sollte etwa eine halbe Stunde nach der Geburt versuchen, das Euter zu erreichen. Wohlgemeinte menschliche Hilfe irritiert das kleine Wesen nur unnötig und sollte daher unterbleiben. Nach einer weiteren Stunde verlor die Stute die Nachgeburt, an der sie sogleich knabberte. Das kann verschiedene Gründe haben:

☐ Die Stute versorgt sich mit wichtigen, die Milchproduktion anregenden Hormonen.

☐ Die Stute deckt ihr Eiweißdefizit mit Hilfe des hochwertigen Proteins der Nachgeburt. (So wurden z. B. 1870 im Krieg in Paris Pferde teilweise mit dem besonders aufbereiteten Fleisch ihrer getöteten oder verhungerten Artgenossen gefüttert, das sie relativ gerne aufnahmen.)

☐ Da die Stute ihren verschmutzten Geburtsplatz nicht aktiv verlassen kann, versucht sie, ihn wie ein Nesthocker (z. B. Hund) zu reinigen.

Hindern sollte man die Stute jedenfalls nicht daran. Das Pferd wird schon wissen, warum es so handelt. Wenn es mit dem Herunterschlucken Schwierigkeiten hat, kann man die Nachgeburt klein schneiden.

Wie die meisten Fohlen zitterte auch unser Fohlen nach der Geburt. Als besorgter, mitfühlender Mensch ist man nun geneigt, ein Handtuch zu holen und das Fohlen trocken zu rubbeln. Dadurch wird aber die Geruchskontaktbildung gestört, denn Fruchtwasser riecht nun mal nicht nach Weichspüler oder Waschmittel.

Außerdem ist das Zittern eine Reaktion auf den Kältereiz, den das Fohlen auch auf dem kalten Erdboden in der Natur erlebt. Dieser Kältereiz übt eine anregende Wirkung auf die Darmtätigkeit aus, so daß ich schon zitternde Fohlen gesehen habe, die, ohne einen Schluck Milch getrunken zu haben, bereits ihr Darmpech auspreßten.

Dabei hatte ein Fohlen eine schlecht konditionierte Mutter, die nach der Geburt noch über eine Stunde erschöpft liegenblieb und erst nach einem stärkenden warmen Kleietrank (acht Liter warmes Wasser, zwei Liter Weizenkleie, ein Eßlöffel Kochsalz) wieder auf die Beine kam. Das Fohlen wurde sogleich an ihren Kopf gezogen, so daß sie es belecken konnte, und es stand sehr schnell auch auf, suchte aber vergeblich nach dem Euter.

Die erste Milch, die das Fohlen jetzt zu sich nimmt, wird Kolostralmilch genannt. Sie ist lebenswichtig und unersetzlich. Sie enthält Schutz- und Abwehrstoffe, die das Neugeborene in diesem Stadium noch nicht selbst bilden kann und die es über den Blutkreislauf der Mutter nicht mehr erhält.

Stirbt die Stute bei der Geburt, so ist sie unbedingt abzumelken. Man flößt dem Fohlen dann mit Hilfe einer Flasche die Kolostralmilch ein, ohne die es keine Überlebenschance hat. Neben der Abwehrkraft und Ernährung hat die erste Milch eine stark abführende Wirkung, um das Herauspressen des Darmpechs zu unterstützen.

Unter Darmpech sind die Stoffwechselprodukte zu verstehen, die sich während der Trächtigkeit im Fohlendarm angesammelt haben. Es ist ein unangenehm riechender, stark klebriger Kot, der den gesamten Enddarm ausfüllt und in mehreren Etappen unter oft erheblichen Anstrengungen und Schmerzen (besonders bei Hengstfohlen durch deren enges Becken) herausgepreßt wird.

Sobald Mutter und Kind wohlauf erscheinen, Nachgeburt und Darmpech abgegangen sind und das Fohlen gesaugt hat, wird die Stute vom gröbsten Schmutz gereinigt, erneut dick eingestreut und anschließend in Ruhe gelassen.

In manchen ländlichen Gegenden ist es anschließend üblich, seine besten Freunde nachts anzurufen und zum Eierkuchenessen einzuladen. Zum Schlafen kamen wir in dieser Nacht nicht mehr, dafür beschäftigte uns der »Zuwachs« zumindest in Gedanken viel zu sehr.

Am nächsten Morgen wurde dann der Tierarzt geholt, der zum zusätzlichen Schutz des Fohlens eine Fohlenlähmeschutzimpfung gab, die die Abwehrkraft erhöht.

Die wichtigsten Punkte für den Züchter

Die Bedeutung einer kurzen Austreibungsphase und die Prägung des Pferdefohlens auf seine Mutter

Wilde Pferde leben, wie schon früher erwähnt, in Herdenverbänden, weil sie in der Gruppe am besten gegen Feinde geschützt sind. Obwohl fast sämtliche soziale Interaktionen, so auch die Paarung, innerhalb des Herdenverbandes ablaufen, ist es erstaunlich, daß die Stute während der Geburt meist die Einsamkeit sucht und sich beträchtlich von den anderen Pferden absondert.

Somit muß die Zeitspanne, in der die Stute gebärt, möglichst kurz sein, weil sie während des Geburtsvorganges den Schutz der Herde nicht mehr hat. Durch das Ablecken des Fohlens und die Kommunikation zwischen Mutter und Kind wird das Jungtier innerhalb einer bestimmten, erblich bedingten Zeitspanne, ohne Ablenkung von ranghöheren Tieren auf seine Mutter geprägt. Es lernt, seine Mutter an Form, Geruch und Stimme zu erkennen. Es hört später, selbst wenn 20 Stuten wiehern, seine Mutter heraus.

Ein besonders berühmtes Beispiel für Fehlprägung ist der Versuch von Konrad Lorenz mit Gänsen. Sobald die Jungtiere schlüpfen, erblicken sie ihre Mutter, der sie dann stets folgen, bis sie ihren Schutz nicht mehr brauchen. Sehen die jungen Küken aber als erstes einen Menschen, so sind sie sofort auf ihn geprägt und folgen ihm. Die eigene Mutter wird dabei vollständig ignoriert. Ähnlich ist es bei von Hand aufgezogenen Fohlen, deren Mutter bei der Geburt starb. Sie sind auf den Menschen geprägt, was später größere Probleme mit sich bringt. Sie vermissen zunächst den mütterlichen Kontakt (24 Stunden am Tag!!) und sehen den Menschen als ersten Spielkameraden und Kumpel an.

Gegenüber der Mutter wird geknufft und übermütig getreten, was die Stute großmütig über sich ergehen läßt. Gleiche Vorgänge sind für den Menschen entschieden schmerzhafter, unter Umständen sogar gefährlich. Der Mensch wird erster Rivale, an dem die Kräfte gemessen werden. Der Verlierer steht dabei fest, weil das Fohlen über seine Mutter nicht lernt, daß der Zweibeiner absoluter Chef, Ranghöchster und damit unantastbar ist. Falls daher beim Tod der Mutterstute keine Amme zu finden ist, sollte das kleine Fohlen sofort einen Spielkameraden, z.B. ein ein Jahr älteres, aber sehr braves Fohlen erhalten (keinen Junghengst!).

Die eigentliche Prägung dauert nur wenige Stunden. Diese Zeitspanne ist bei Nestflüchtern (Pferd, Kuh) entschieden kürzer als bei Nesthockern (Hund, Katze, Rotwild), die ihre Eltern tage- und wochenlang sehen, ehe sie mit fremden Tieren der gleichen Art zusammenkommen. Nach der Geburt bleiben die Eihäute auf der Erde liegen, die Stute kümmert sich höchst selten darum. Wozu auch. Sobald das Fohlen dazu in der Lage ist, kehren beide zur Herde zurück und verlassen den verschmutzten Geburtsplatz. In der Herde ist sie als Fohlenstute sofort kurzfristig das ranghöchste Tier in der Gruppe. Dadurch kann das Fohlen in seiner noch andauernden Prägephase nicht auf ein anderes Tier geprägt werden.

Nabeldesinfektionen gibt es in der Natur nicht, es fehlt ja auch die vermistete Streu. Weiden, die im Frühsommer von der Sonne beschienen werden, sind nahezu frei von gefährlichen Keimen, während der Bakteriengehalt in frisch eingestreuten Boxen für ein junges Fohlen schon eine gefährliche Infektionsquelle darstellt, der man nicht nur durch peinliche Sauberkeit von Wänden und Einstreu, sondern auch medikamentös (Fohlenlähmeschutzimpfung) entgegenwirken muß.

Wenn die Stute ihr Fohlen nicht annimmt: Dies ist eine heikle Angelegenheit. Es können verschiedene Ursachen dafür verantwortlich sein, die mehr oder weniger gut zu beheben sind.

☐ Die Geburt mit nachfolgender Prägungsphase wurde stark gestört, die Stute interessiert sich nicht für das Fohlen, sie geht unter Umständen darauf los.

Dieser Schaden ist am schwersten zu beheben und lebensgefährlich für das Fohlen. Zumeist gibt es nur die Möglichkeit, die Stute stündlich abzumelken, damit das Fohlen wenigstens zwölf Stunden lang Kolostralmilch erhält. Beide sollten in einer großen Box stehen, die so abgeteilt ist, daß das Fohlen sich in Sicherheit flüchten kann, ohne daß die Mutter durch ein schmales niedriges Schlupfloch folgen kann. Wenn das Mutter-Kind-Verhältnis sich

nach zwei bis drei Tagen nicht bessert, ist es ratsam, eine Amme zu suchen bzw. von Hand aufzuziehen.

☐ Hormonschwäche − Stute hat keine Milch.

Stuten mit wenig oder gar keiner Milch sind mit spezifischen Hormonen unterversorgt. Falls sie an der Nachgeburt interessiert sind, sollte man sie fressen lassen, da sie so ihr Defizit ausgleichen können. Ersatz dafür wäre eine Hormon-Injektion, die die Laktation fördert.

☐ Stute ist kitzelig, hat Schmerzen am Bauch und will das Fohlen nicht trinken lassen, ist aber sonst besorgt. In diesem Fall wirkt ein starkes Beruhigungsmittel regelrecht Wunder. Es kann gespritzt oder mit dem Futter verabreicht werden. Die Stute wird dann völlig apathisch und läßt ihr Fohlen willig saugen.

☐ Hysterische, aggressive Stuten sollten von der Zucht ausgeschlossen werden, da das Fohlen das Verhalten der Mutter beobachtet und kopiert.

Nach einer alten Züchterweisheit wird das Fohlen direkt nach der Geburt mit Mehl und Salz bestreut. Dadurch soll die Stute das Fohlen besser belecken, der Kontakt wird verstärkt. Nach sehr neuen veterinärmedizinischen Erkenntnissen ist von der Kochsalzversorgung sowohl die gute Verdauung der Mutter als auch des Fohlens, insbesondere aber der Abgang des Darmpechs abhängig.

Daher sollte in jeder Box ein Salzleckstein zur freien Verfügung angebracht sein und auch während des Weideganges nicht fehlen.

Künstliche Aufzucht – Amme

Stirbt die Stute bei oder nach der Geburt, gibt es zwei Möglichkeiten, das Fohlen zu retten:

☐ Man fragt bei der zentralen Ammen-vermittlung (0 82 41/5 85, Gestüt zum Wohle der Pferde, Evelyn Hartig, Postfach 147, 8939 Buchloe) nach, ob eine Stute zur Verfügung steht. Sie muß besonders brav sein und hat entweder viel Milch und ihr Fohlen noch bei sich oder ihr Fohlen verloren. Man bestreicht das Fohlen mit dem Urin der Ersatzmutter, hält diese fest und schiebt ihr das Waisenkind unter. Das geht erstaunlicherweise meistens gut.

☐ Eine weitaus aufwendigere, nerven-aufreibende Möglichkeit, das Fohlen zu retten, ist die Aufzucht mit der Flasche. Dazu gibt es Salvana-Fohlen-milch, die der Muttermilch stark ähnelt und ein guter Ersatz ist, vorausgesetzt, man tränkt in der ersten Woche mindestens alle zwei bis vier Stunden, selbstverständlich auch nachts.

Das Fohlen saugt etwa alle 15 bis 30 Minuten bei der Mutter, nimmt geringe Mengen auf und nutzt die Milchproduktion, die sich nach der Häufigkeit des Saugreizes richtet, optimal aus. Neben der Kunstmilch ist auch Kuh- oder Ziegenmilch verwendbar. Auffallend ist die große Ähnlichkeit zwischen Stuten- und Frauenmilch. Außerdem gerinnt Stutenmilch ähnlich wie Frauenmilch in feinen Flocken, nicht in großen Klumpen wie Kuhmilch, und ist daher leicht verdaulich.

100 ml Milch enthalten:	Frauenmilch	Stutenmilch	Kuhmilch	Ziegenmilch
Eiweiß	1,3	1,9	3,3	3,8
Fett	3,5	1,3	4	4
Milchzucker	7,0	7,3	4	4,5
Calzium mg	30	102	120	
Phosphor	15	63	94	
Kalium	49	64	150	

Fohlenalter	Wassermenge ca. 40° C	Milch-präparat kg	Tränkezahl	Fohlenauf-zuchtfutter kg
1.– 3. Tag	2,5 l	0,5	6	–
4.– 5. Tag	4,0 l	0,8	6	–
6.– 7. Tag	6,0 l	1,5	6	–
2.– 3. Woche	10,0 l	2,5	4	–*
4.– 5. Woche	12,0 l	3,0	3	–
6.–10. Woche	10,0 l	3,0	2	0,5–1,0
11.–14. Woche	8,0 l	2,5	2	1,5
15.–16. Woche	6,0 l	1,6	1	2,0

* Ab der zweiten bis dritten Woche sollte gequetschter Hafer bzw. Weizen und bestes Heu erreichbar sein.

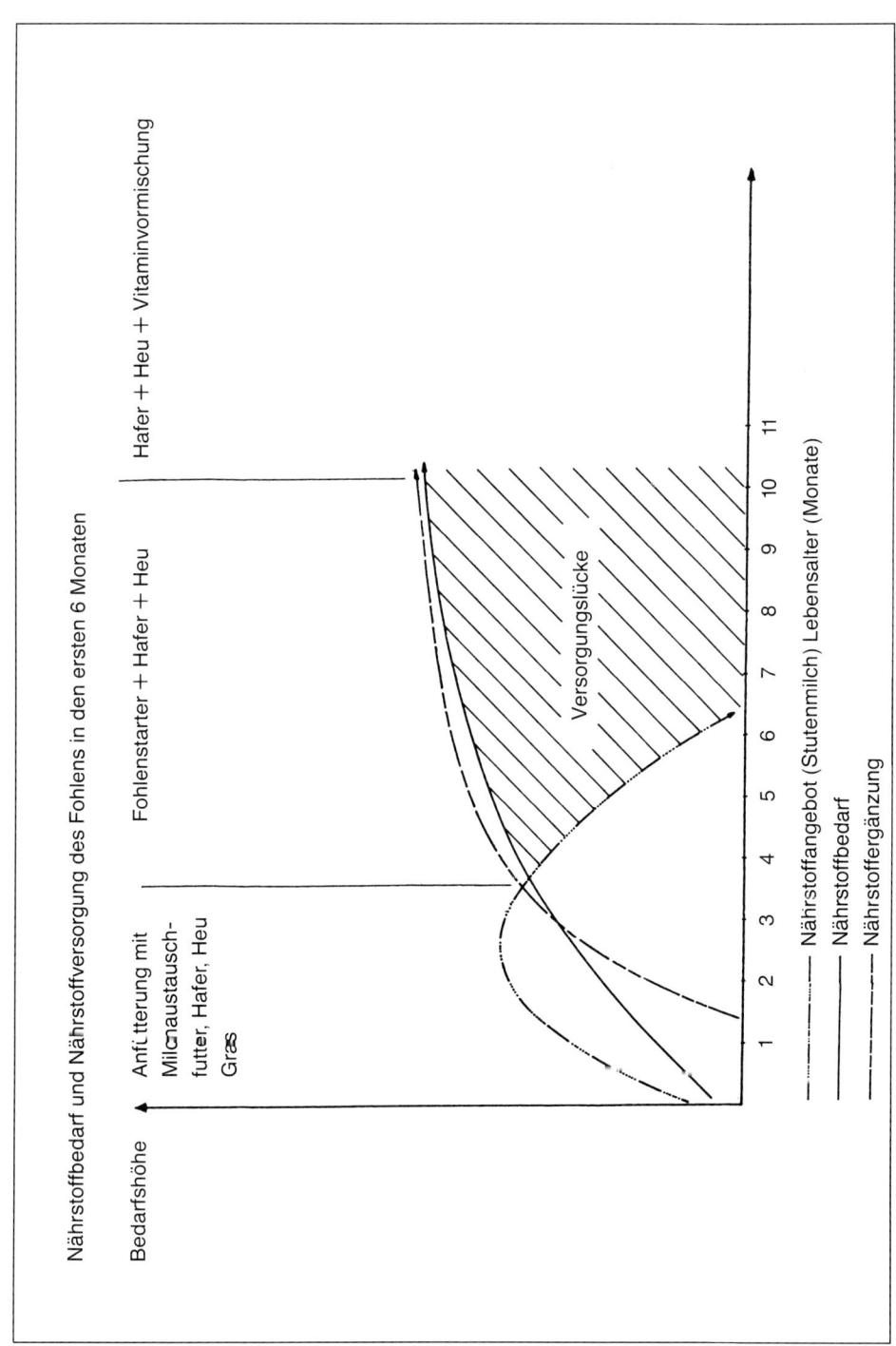

Nährstoffbedarf und Nährstoffversorgung des Fohlens in den ersten 6 Monaten

Bedarfshöhe

Anfütterung mit Milchaustausch-futter, Hafer, Heu Gras

Fohlenstarter + Hafer + Heu

Hafer + Heu + Vitaminvormischung

Versorgungslücke

Nährstoffangebot (Stutenmilch) Lebensalter (Monate)

Nährstoffbedarf

Nährstoffergänzung

Die Fohlenmilch wird in einem bestimmten Verhältnis Pulver/Wasser 1 : 5, später 1 : 4 bzw. 1 : 3 angerührt und zunächst mit einer Babyflasche mit Schnuller (3 mm-Loch) verabreicht. Bedenkt man, daß eine Warmblutstute etwa zehn bis zwanzig Liter Milch, eine Kaltblutstute sogar bis 30 Liter pro Tag gibt, so kann man beurteilen, welche Nährstoffmengen, Mineralstoffe und Spurenelemente dem Jungtier zum Start geboten werden.

Die Stute liefert in der relativ kurzen Laktationszeit von vier bis sechs Monaten 1200 bis 2500 Liter Milch, eine Milchkuh bei spezieller Fütterung dagegen in zehn bis elf Monaten ca. 4500 Liter. Dementsprechend hoch sind auch die Kosten für mutterlose Aufzucht.

Wird Kuhmilch verwendet, ist diese unbedingt zu verdünnen und mit Milch- oder Rohrzucker zu vermischen. Der Zusatz von einem rohen Eigelb je Liter Milch ist empfehlenswert. Im Alter von 14 Tagen kann das Fohlen schon feste Stoffe aufnehmen. Bestes Heu und gequetschter Hafer sollten daher für das Fohlen erreichbar sein (Fohlenkrippe). Eine gute Übersicht bietet die Tabelle (21) über den Nährstoffbedarf und die Nährstoffversorgung des Fohlens in den ersten sechs Lebensmonaten.

Schwierigkeiten mit der Nachgeburt

Bei der Stute sollte die Nachgeburt spätestens nach ca. sechs Stunden abgegangen sein. Ist dies nicht der Fall, so muß sie vom Tierarzt künstlich entfernt werden. Auf keinen Fall darf man versuchen, sie selbst mit der Hand herauszuziehen. Die Nachgeburtsverhaltung entsteht meist durch mangelnde Kontraktion der Gebärmutter nach der Geburt, besonders bei alten, zu fetten, schlecht konditionierten Stuten.

Wird die Nachgeburt nicht entfernt oder bleiben Teile in der Gebärmutter zurück, können sich giftige Eiweiß-Zersetzungsprodukte bilden, die über die Blutbahn in den Körper gelangen und unter Umständen auch nach Tagen noch die sogenannte Geburtsrehe hervorrufen. Mit der Nachgeburtsverhaltung ist also keineswegs zu spaßen.

Verfohlen

Nichtansteckendes Verfohlen

Durch Schlag, starke Überanstrengung, schlechte Futterqualität, aber auch aus anderen Ursachen kann die Stute zwischen dem siebten und zehnten Monat ohne vorherige Anzeichen verfohlen. Eigenartigerweise tritt der Abgang der Frucht oft innerhalb von sieben Tagen nach einem stark einwirkenden Ereignis auf. Das Fohlen ist fast immer tot, das Euter nicht vorbereitet. Deshalb ist das überstürzt Geborene meistens zum Sterben verurteilt, weil es keine Kolostralmilch erhält.

Ansteckendes Verfohlen – Virusabort

Die Stute verwirft ohne ersichtlichen Grund meist im siebten bis neunten Monat. Auslösend hierfür sind bestimmte Viren. Mit dem Fruchtwasser sind Millionen von hochgradig ansteckenden Keimen nach außen gelangt, die über die Stute und den Menschen als Überträger eine ernste Gefahr für andere Stuten des Bestandes darstellen. Peinlichste Sauberkeit, Isolierung der Stute in einem entfernten Stall und getrennte Pflegepersonen sind jetzt Grundvoraussetzungen. Der Virusabort tritt in den letzten Jahren immer häufiger auf. Durch die Überwindung weiter Strecken mit dem Anhänger werden Krankheiten eingeschleppt und verteilt. Glücklicherweise gibt es eine vorbeugende Impfung. Sie ist besonders wichtig in Beständen, in denen der Virusabort schon einmal aufgetreten ist. Dabei wird die Stute im dritten Monat grundimmunisiert und im siebten Monat noch einmal geimpft. In den folgenden Jahren ist nur noch die zweite Impfung erforderlich, die gleichzeitig gegen Fohlenlähme wirksam ist.

Auf Anhieb ist nicht immer ersichtlich, ob es sich um einen Virusabort oder normales Verfohlen gehandelt hat. Am besten nimmt man das Schlimmste an und trifft entsprechende Vorkehrungen, isoliert die Stute von anderen trächtigen Stuten und desinfiziert die Boxe gründlich. Der weitverbreitete Anruf beim Abdecker ist sträflicher Leichtsinn. Stattdessen wird das Fohlen in einen Plastiksack verpackt und so schnell wie möglich in eine Untersuchungsstelle (z. B. Veterinärklinik Gießen) gebracht, um der Ursache auf den Grund zu gehen – auch wenn kein für den Abort verantwortlicher Grund feststellbar ist.

Gefährdung des Fohlens

Fohlenlähme ist der Sammelbegriff für mehrere Infektionsarten, denen das Fohlen in den ersten Wochen ausgesetzt ist. Der Wert der Impfung in den ersten 48 Stunden wird gelegentlich bestritten, zumal noch weitere Faktoren einen Einfluß auf die Gesunderhaltung des Fohlens haben. Ein lebenskräftiges Fohlen, eine Stute in gutem, aber nicht zu fettem Futterzustand, beste Futterqualität, ein geräumiger, sauberer, trockener, möglichst kalter, zugfreier Stall und ausreichend Bewegung an frischer Luft vom ersten Tag an sind günstige Voraussetzungen. Fohlen, die auf vermisteter Einstreu stehen, im Alter von vier Wochen noch nicht mit der Mutter den Stall verlassen durften, sind zu bedauern. Licht, Luft, Sonne, das brauchen die Fohlen. Der Auslauf in der staubigen Reithalle ist kein Ersatz.

Natürlich toben die Fohlen anfangs mit ihren Müttern ordentlich herum, sind naß geschwitzt und dürfen dann im Winter nicht stundenlang draußen stehenbleiben. Aber die jungen Tiere haben ein Laufbedürfnis, und dem muß Rechnung getragen werden. Wie sollen sich sonst Stellungsfehler, bedingt durch die enge Lage im Mutterleib, korrigieren? Der Stalldunst vergrößert die Lungenkapazität auch nicht, sondern verweichlicht nur den gesamten Organismus. Darum hinaus mit ihnen!

Die Nährstoffe im Heu nehmen im Frühjahr durch die Lagerung rapide ab. Davon ist insbesondere das Karotin (Vitamin A) betroffen. Durch Sonneneinstrahlung nimmt der Körper über die Haut diesen lebensnotwendigen Stoff auf. Aber auch wenn die Sonne nicht scheint, ist die Strahlung ausreichend.

Wurmbefall

Eine regelrechte Geißel stellt der Wurmbefall besonders für die Fohlen dar. Als die Pferdezucht noch weitgehend in bäuerlicher Hand lag, war eine Wechselbeweidung mit Kühen üblich, so daß die Wurmgefahr in Grenzen gehalten wurde, weil die Kühe die für sie ungefährlichen Wurmeier der Pferde wegfraßen und im Verdauungsprozeß abtöteten und umgekehrt.

Heute werden aber immer kleinere Parzellen genutzt, hochgedüngt, und die Pferde sind gezwungen, mehrmals jährlich denselben Platz zu beweiden. Eine Neuinfektion trotz regelmäßiger Wurmkuren ist daher unumgänglich. Beim Fohlen führt der Wurmbefall zu schweren Entwicklungsstörungen, schlimmstenfalls zu einem Magen-Darm-Durchbruch mit tödlichem Ausgang. Der zweijährige Junghengst in der Abbildung war so stark von Askariden und Strongiliden befallen, daß der Darm mit weißen Würmern spaghettiartig vollgestopft war. Die Mutterstute sollte deshalb mindestens viermal jährlich entwurmt werden, davon einmal (Dezember–Januar) gegen Dassellarven.

Der am siebten bis neunten Tag auftretende Fohlendurchfall hängt zum einen mit der hormonellen Umstellung der Stute während der Fohlenrosse und der damit veränderten Milch, zum anderen aber auch mit dem ersten Wurmbefall über die Muttermilch und gefressenen Kot der Mutterstute zusammen. Dieses Kotfressen ist wichtig für die Darmflora und soll deshalb nicht unterbunden werden.

Die erste Wurmkur ist mit etwa 14 Tagen fällig und sollte während der Säugezeit nach unten angegebener Tabelle wiederholt werden. Es gibt spezielle Wurmpasten, die man den Fohlen ins Maul drückt, weil diese das Präparat sonst wohl kaum aufnehmen.

Nach dem Absetzen ist ein Entwurmen alle zwei Monate ratsam, da die Laufstallhaltung mit anderen Fohlen zusammen eine hervorragende Brutstätte für Wurm-

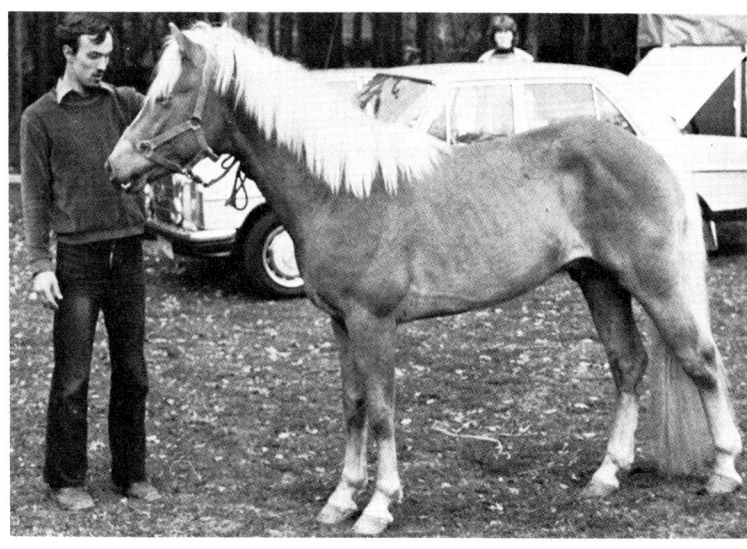

Entwurmungsplan

Fohlen (bis 1 Jahr)	Stuten mit Fohlen und Ein- bis Zweijährige	Erwachsene Pferde
14., 21. und 35. Lebenstag anschließend alle zwei Monate, beginnend mit der 8. Lebenswoche	alle zwei Monate	größere Bestände alle zwei Monate Einzeltierhaltung Weide — Stall alle drei — alle vier Monate — Monate April — April Juli — August Oktober — Dezember Januar
Zwergfadenwurm Spulwurm Palisadenwürmer	Spulwurm Palisadenwürmer	Pfriemenschwanz Palisadenwürmer

Die Würmer des Pferdes und ihre hervorstechenden Krankheitserscheinungen

Zwergfadenwurm
(Strongyloides westeri)
im Dünndarm
Durchfall ab dem 9. Lebenstag
Husten durch Wanderlarven in der Lunge
Hautentzündungen durch das Einbohren der Larven

Spulwurm
(Parascaris equorum)
im Dünndarm
Abmagerung
Kolik
Lungenentzündung durch Wanderlarven in der Lunge

Palisadenwürmer
(Strongyliden)
kleine: mangelnde Leistungsfähigkeit
glanzloses Fell und Auge
vulgaris: Kolik, Blutarmut, lebenslange Arterienschädigung durch Wanderlarven
große: Freßunlust, Kolik, Fieber
edentatus: starke Abmagerung

Pfriemenschwanz
(Oxyuren)
starker Juckreiz in der Aftergegend, kahle Stellen an der Schweifrübe

eier aller Art ist. Besonders die Dassellarvenkur im Dezember ist sehr wichtig. Bei uns verlor ein Fohlen einen Tag nach der Verabreichung 145 Larven in der Größe und Form von Engerlingen, die zuvor blutsaugend an der Magenschleimhaut gesessen hatten.

Haltung und Fütterung der Zuchtstute

Hierüber ist bereits einiges gesagt worden, und es bleibt nicht mehr viel hinzuzufügen. Die Stute braucht vorwiegend Aufbaustoffe für die Neubildung der Zellen des werdenden Fohlens im Mutterleib. Gegen Ende der Trächtigkeit, zwischen dem achten und elften Monat, beträgt der Zuwachs des Fohlens gut zwei Drittel der Gesamtgröße. Dementsprechend ist es günstig, das volumenreiche Futter (Heu) zu verringern und durch konzentrierte Futtermittel zu ersetzen.

Die Kraftfutterration wird deshalb im zweiten Drittel der Trächtigkeit verdoppelt, im letzten Drittel verdreifacht. Dementsprechend wird rauhes Heu gegen solches, das vor der Blüte gemacht wurde, getauscht und nur beste blattreiche, grüne Qualität verwendet.

Im Enddrittel der Trächtigkeit wird der Knochenaufbau intensiviert. Jetzt ist eine Mineralstoffbeifütterung, insbesondere Kalzium und Phosphor, notwendig. Während der Laktation ist die Kraftfuttermenge dem steigenden Milchbedarf des Fohlens anzupassen.

Weizenkleie (nicht über zwei Kilogramm pro Tag) ist für die Milchproduktion sehr förderlich. Ein heller Stall, Boxenmaße von 3 × 4 oder 4 × 4 bis 4 × 5 m, ein sauber eingestreutes Lager (während der

letzten Tage der Trächtigkeit niemals Sägemehl oder Torf, sondern Stroh!) und viel Bewegung, auch in den letzten Tagen vor dem Abfohlen, sind allen Stuten zu wünschen. Obwohl die Stuten dann gewöhnlich sehr träge und schwerfällig werden, sollte man sie herumführen oder als Handpferd im Schritt und Trab bewegen. Eine gute Kondition erleichtert die Geburt und den Abgang der Nachgeburt. Manche Gestüte lassen ihre Stuten auch bei Frost und Schnee auf die Koppel. Abgehärtete, widerstandsfähige Pferde und gesunde, kräftige Fohlen sind das Resultat.

Bedeckung in der Fohlenrosse oder erst nach vier Wochen?

Eine weitverbreitete Unsitte ist die Bedeckung der Stute in der Fohlenrosse. Die Fruchtbarkeit ist zwar sehr hoch, die Resorption aber auch. So roßt jede sechste Stute nach der Bedeckung in der Fohlenrosse um, weil sie sich noch nicht genügend gesäubert hat, und die Gebärmutter nicht für das Einnisten eines neuen befruchteten Eies bereit ist.

Die Bedeckung in der Fohlenrosse ist insofern verständlich, als auch der weniger geübte Züchter die Rosse erkennt und seine Stute kurzerhand vom siebten bis elften Tag etwa decken läßt. Bei milchreichen Stuten kommt es häufig vor, daß die Fohlenrosse und drei Wochen später eine weitere Rosse sich zeigen, dann aber, zum Schutz und der besseren Versorgung des säugenden Fohlens, weitere Rossen ausbleiben.

Wer dann aus Überzeugung nicht in der Fohlenrosse decken läßt, muß sich sputen, damit in der zweiten Rosse die Bedeckung erfolgreich wird. Von der Natur ist die Fohlenrosse offensichtlich nicht vorgesehen, da sie z. B. bei wildlebenden amerikanischen Mustangs nicht auftritt. Erwünscht ist, daß Zuchtstuten aus Rentabilitätsgründen jährlich abfohlen. Es hat sich aber gezeigt, daß Stuten, die nur jedes zweite Jahr aufnehmen, nicht nur kräftigere und frohwüchsigere Fohlen, sondern auch bessere Qualität bringen, weil ihr Organismus dem Fohlen mehr Nährstoffe geben kann. Es ist zwar richtig, daß der genetische Einfluß der Elterntiere auf das Fohlen 50:50% beträgt, in der Praxis verschiebt sich das Verhältnis aber auf 60:40% zugunsten der Stute, weil sie das Fohlen austrägt und ihm mehr oder weniger Substanz mitgibt.

Trächtigkeitstest

Wer seine Stute decken läßt, möchte natürlich so früh wie möglich wissen, ob sie auch tragend ist. Früher, aber vereinzelt auch noch heute, gab man der Stute etwa ab dem siebten Trächtigkeitsmonat auf nüchternen Magen einen Eimer kaltes Wasser zu trinken, und an dem Stoßen in der Flanke beobachtete man die abweisenden Strampelbewegungen des durch den Kältereiz unsanft geweckten Fohlens. Es gehört freilich schon eine Portion Erfahrung dazu, dieses Zeichen richtig zu deuten.

Trächtigkeitstest bei Ponys und Pferden

Art	Zeitpunkt	Vorteil	Nachteil
Manuelle Untersuchung	25. Tag–Geburtstermin	große Sicherheit, sofortige Aussage, bei negativem Befund gleichzeitig Untersuchung von Eierstock und Gebärmutter	gelegentlich Anwendung von Zwangsmitteln nötig
Hormonale Untersuchungen a) Bluttest MIP-Test	40.–100. Tag	98% Sicherheit, Befund noch am selben Tag, außer der Blutentnahme keine weitere Manipulation am Pferd	vor dem 40. und nach dem 100. Tag keine aussagekräftigen Ergebnisse; gelegentlich positiver Befund, obwohl die Frucht bereits abgestorben; rektale Untersuchung bei negativem Befund zur Kontrolle von Eierstöcken und Gebärmutter muß dennoch durchgeführt werden
Aschheim-Zondek-Küst-Test	42.–120. Tag	98% Sicherheit, außer der Blutentnahme keine weitere Manipulation am Pferd	wie beim MIP-Test, Untersuchungsdauer 4–5 Tage, Einsendung in ein Labor nötig
Frosch-Test	40.–135. Tag	wie beim MIP-Test	wie beim MIP-Test
b) Harntest Allen-Doisy-Test	120. Tag – Geburtstermin	98% Sicherheit, außer der Harnentnahme keine weitere Manipulation am Pferd	Untersuchungsdauer 4–5 Tage, Einsendung in ein Labor nötig
Cuboni-Test	100./120. Tag – Geburtstermin	wie beim Allen-Doisy-Test, Versuchsdauer beträgt nur 1 Stunde	je nach Versuch sind zwischen 15 ml und 400 ml Harn erforderlich, Einsendung in ein Labor nötig

Heute geben diverse Tests und Untersuchungsmethoden der modernen Tiermedizin schon frühzeitig sicheren Aufschluß. Die einfachste Beobachtung ist sicherlich das Abwarten der nächsten Rosse, die normalerweise etwa zehn bis vierzehn Tage nach der letzten Bedeckung wieder einsetzen müßte, falls die Stute nicht aufgenommen hat.

Um sicher zu gehen, bringt man die Stute dann noch einmal zum Hengst, probiert sie ab und weiß dann Bescheid. Wer sich eine Fahrt zur Deckstation ersparen will, sollte einen bewährten Tierarzt um eine Untersuchung bitten. Ein gefühlvoller, auf diesem Gebiet routinierter Veterinär kann bereits ab dem 25. Tag nach der Bedeckung mit hoher Wahrscheinlichkeit eine bestehende oder nicht vorhandene Trächtigkeit feststellen.

Sollte die Stute nicht aufgenommen haben, untersucht er gleich Eierstöcke und Gebärmutter auf ihre Funktionen. Ist eine genommene Tupferprobe in Ordnung, und wird die Stute in der folgenden Rosse wieder nicht trächtig, empfiehlt es sich, die Bedeckung bis zum Abschlagen der Stute zu überwachen, oder den Hengst zu wechseln.

Das Absetzen

Das Absetzen des Fohlens von der Stute ist für viele Züchter immer noch ein Problem. Oft ist es eine Hau-Ruck-Methode ohne die geringste Vorbereitung und verursacht dann entsprechende Schwierigkeiten. Das Fohlen sollte während der ersten Lebenswochen schon an Halfter, Führen und Hufpflege gewöhnt sein und gelernt haben, Heu, Gras und Kraftfutter mit der Mutter zu fressen. Je nachdem, in welchem Futterstand sich die Stute befin-

det, ob sie wieder tragend ist oder stärker gearbeitet wird, sollte der Zeitraum, in dem das Fohlen entwöhnt wird, zwischen viereinhalb und sieben Monaten liegen.

Hier gibt es nun verschiedene Methoden, die alle ihre Vor- und Nachteile haben – jeder Züchter muß hier mit Fingerspitzengefühl die für seine Tiere günstigste wählen. Eine recht gute Gelegenheit bietet sich, wenn mehrere Stuten mit ihren Fohlen auf der Weide sind. Nun nimmt man nach und nach – im Abstand von einigen Tagen – jeweils eine Stute außer Sicht- und Hörweite des Fohlens. In der bekannten Herdengemeinschaft trauert das zurückgebliebene Fohlen weniger, eventuell auch gar nicht.

Ist die letzte Stute weggenommen, wird dem Nachwuchs entsprechend Kraftfutter beigefüttert, damit kein Entwicklungsstop eintritt. Die Mütter bekommen meist pralle Euter, weil sie noch auf volle Milchproduktion eingestellt sind. Damit keine Entzündung auftritt, ist es wichtig, sie vor Zugluft, Nässe und Kälte zu schützen und ihnen viel Bewegung (möglicherweise auch zusätzlich durch Longieren) auf der Weide zu verschaffen. Kraftfuttergaben sind in diesem Zeitraum nicht ratsam, die Wasserration kann ein bis zwei Tage um etwa 50% gekürzt werden.

Das Abmelken des Euters erhöht die Infektionsgefahr und regt die Milchproduktion an. Einreibungen mit kühler und abschwellender Kampfersalbe wirken sich positiv aus. Man kann auch mehrere Fohlen zusammen absetzen, indem man sie mit ihren Müttern in den Stall holt und dort trennt, d. h. jede Stute kommt in ihre Boxe, die Fohlen zusammen in einen großen Laufstall. Dort erhalten sie Kraftfutter und gutes Heu nach Belieben und werden am nächsten Tag auf eine Weide entlassen. Bei gutem Wetter füttert man dort auch zu, bei naßkalter Witterung ist es ratsam, die Fohlen wenigstens nachts hereinzuholen.

Die Mütter werden auf eine Weide außer Hör- und Rufweite gebracht. Es gibt zunächst zwar ein paar Stunden Aufregung und immer wieder Versuche, durch Kontaktwiehern die verlorengegangene Mutter bzw. das abhanden gekommene Kind herbeizurufen, dies legt sich jedoch recht bald, und die Situation beruhigt sich.

Schwieriger hingegen sieht es mit dem Entwöhnen eines einzelnen Fohlens aus: Es wird in der Entwicklung stoppen, weil es seiner Mutter hinterhertrauert. Die hierbei auftretenden Probleme veranlaßten einmal einen »Züchter« – es wird wohl nicht der einzige sein –, eine Stute von ihrem Hengstfohlen nicht zu trennen, in der Hoffnung, der Junior würde schon von selbst zu saugen aufhören, wenn er alt genug ist.

Nun wurde die Stute nicht mehr belegt, bis der Jüngling, mittlerweile zweijährig und immer noch an der Flasche, Frühlingsgedanken bekam und seine Mutter deckte – mit Erfolg. Daraufhin wurde er kastriert, seine Mutter bekam ein Fohlen und sollte wieder gedeckt werden. Tja, der Wallach, mittlerweile dreijährig, saugte zusammen mit seinem Bruder und Sohn gemeinsam an der Stute und war nicht von ihr zu trennen. Überallhin, wo die Stute ging oder gebracht wurde, mußte man den Sohn mitnehmen – eine Angelegenheit, die überhaupt nicht so weit hätte kommen müssen.

Da man Fohlen möglichst nicht ohne Spielkameraden aufziehen soll, ist es ratsam, ein Fohlen, gleich welcher Rasse, dazuzukaufen und auf ungefähr das gleiche Alter zu achten, da ältere Fohlen meistens die jüngeren recht massiv unterdrücken. Im Kaliber sollten die Fohlen möglichst ähnlich sein, auch im Geschlecht und der Fellfarbe. Bei Beherzigung der Ratschläge und richtiger Durchführung wird auch das Absetzen etwas von seinem Schrecken verlieren.

Nachträgliche Gedanken

Die alljährlichen Erfahrungen mit Stutenbesitzern in unserer kleinen Haflinger- und Trakehnerzucht geben vor allem den Anstoß zu diesen Aufzeichnungen. Manche Stutenbesitzer waren derartig borniert, wußten alles besser, wollten keinen Rat annehmen, und machten mich sowohl wütend als auch verzweifelt.

Dieses Buch ist nun ein Versuch, eine größere Gruppe interessierter, vielleicht noch unerfahrener, aber lernwilliger Züchter anzusprechen und ihnen einige Grundlagen, Hilfen und Anregungen über Zucht und Verhalten bei Pferden zu vermitteln. Insbesondere wende ich mich aber gegen diejenigen, die zwar wenig, aber alles besser wissen und leider nichts dazulernen. Sollten aber nur zehn Prozent dieser Gruppe den einen oder anderen Rat beherzigen, wäre ihrem Pferd damit schon gedient.

Die in diesem Buch zusammengetragenen Kenntnisse sind sicherlich keineswegs der Weisheit letzter Schluß, für Anregungen bin ich dankbar, über Bestätigung freue ich mich, und über Kritik kann man reden. Jeder, der sein Pferd aufmerksam beobachtet, für es und mit ihm lebt, wird zwangsläufig sensibel dafür, daß er erkennt, was seinem Tier gemäß ist, wie es denkt, reagiert und fühlt.

Manchen Leser wird dieses Buch nicht zufriedenstellen, weil neben einer massiven Kritik nicht immer eine direkt anwendbare Alternative angeboten wird. Das liegt aber an der Vielfalt der Gegebenheiten und der Variabilität der Pferderassen.

So sind Araber in ihrer gesamten Haltungsweise so unterschiedlich von Islandponys, daß hier in bezug auf Haltung, Fütterung und Zucht in meinen Betrachtungen ständig differenziert werden müßte. Aufgrund der Individualität jedes Pferdes innerhalb seiner Rasse und der unterschiedlichen Haltungsmöglichkeiten widerstrebt mir eine Aufstellung in robuste Rassen – Warmblüter – Vollblüter mit anschließenden recht starren »Bedienungsanleitungen«.

Sinn dieses Buches ist es, nicht von bestehenden Zuständen auszugehen, sondern von naturgegebenen Bedingungen her das Thema Zucht und Haltung zu überdenken und auf das eigene Pferd zu übertragen.

BLV Pferdebücher – speziell für Sie ausgesucht

Hans Joachim Schwark

Pferdezucht

Fachbuch für Pferdezüchter und Pferdesportler: alle Teilbereiche der Pferdezucht nach neuestem Erkenntnisstand, mit allen Daten und Fakten, interessantem Bildmaterial und vielen Praxistips.

3. Auflage, 448 Seiten, 197 Farbfotos, 80 s/w-Fotos, 69 Zeichnungen

Jeremy Houghton Brown / Sarah Pilliner / Vincent Powell-Smith

Pferde-Management

Das umfassende, praxisnahe Handbuch über modernes Pferde-Management – ein unentbehrliches Nachschlagewerk für jeden, der mit Pferden arbeitet: alles über Pferdezucht und -haltung sowie Pferdetraining.

303 Seiten, 2 Fotos, 77 Zeichnungen

Gerhard Kapitzke

Das Pferd von A–Z

Aktuelles Grundlagenwissen von A–Z zu Pferdezucht und -haltung sowie zum Reit- und Fahrsport in 1070 Stichwörtern mit vielen informativen, farbigen Fotos.

3. Auflage, 349 Seiten, 41 Farbfotos, 200 s/w-Fotos, 57 Zeichnungen, 63 Grafiken mit 317 Einzelabbildungen

Handbuch Pferd

Standardwerk der Pferdekunde: präzise, umfassende Information und fachliches Know-how von 37 kompetenten Fachautoren zu den Bereichen Zucht, Haltung, Ausbildung, Sport, Medizin, Recht.

3., völlig neubearbeitete Auflage (Neuausgabe), 839 Seiten, 264 Farbfotos, 434 s/w-Fotos, 175 Zeichnungen

Uta Engelmann / Ulrike Buurman-Paul

So zieht man ein Fohlen auf

Artgerechte Aufzucht und Haltung, Pflege und Erziehung Praxisbuch über die artgerechte Aufzucht und Haltung, Pflege und Erziehung von Fohlen – mit hilfreichen Ratschlägen und Anregungen.

3. Auflage, 143 Seiten, 64 Fotos, 4 Zeichnungen

Uta Engelmann / Ulrike Buurman-Paul

Vom Fohlen zum Reit- und Fahrpferd

Voraussetzungen für pferdegerechte Aufzucht und Ausbildung: Entwicklung, Beurteilung, Grundlagen der Ausbildung, Erziehung und Ausbildungsprobleme.

2. Auflage, 137 Seiten, 64 Fotos, 4 Zeichnungen
